Ordonner les nombres jusque 10

2 Tu écris le numéro des wagons, de 0 jusque 10.

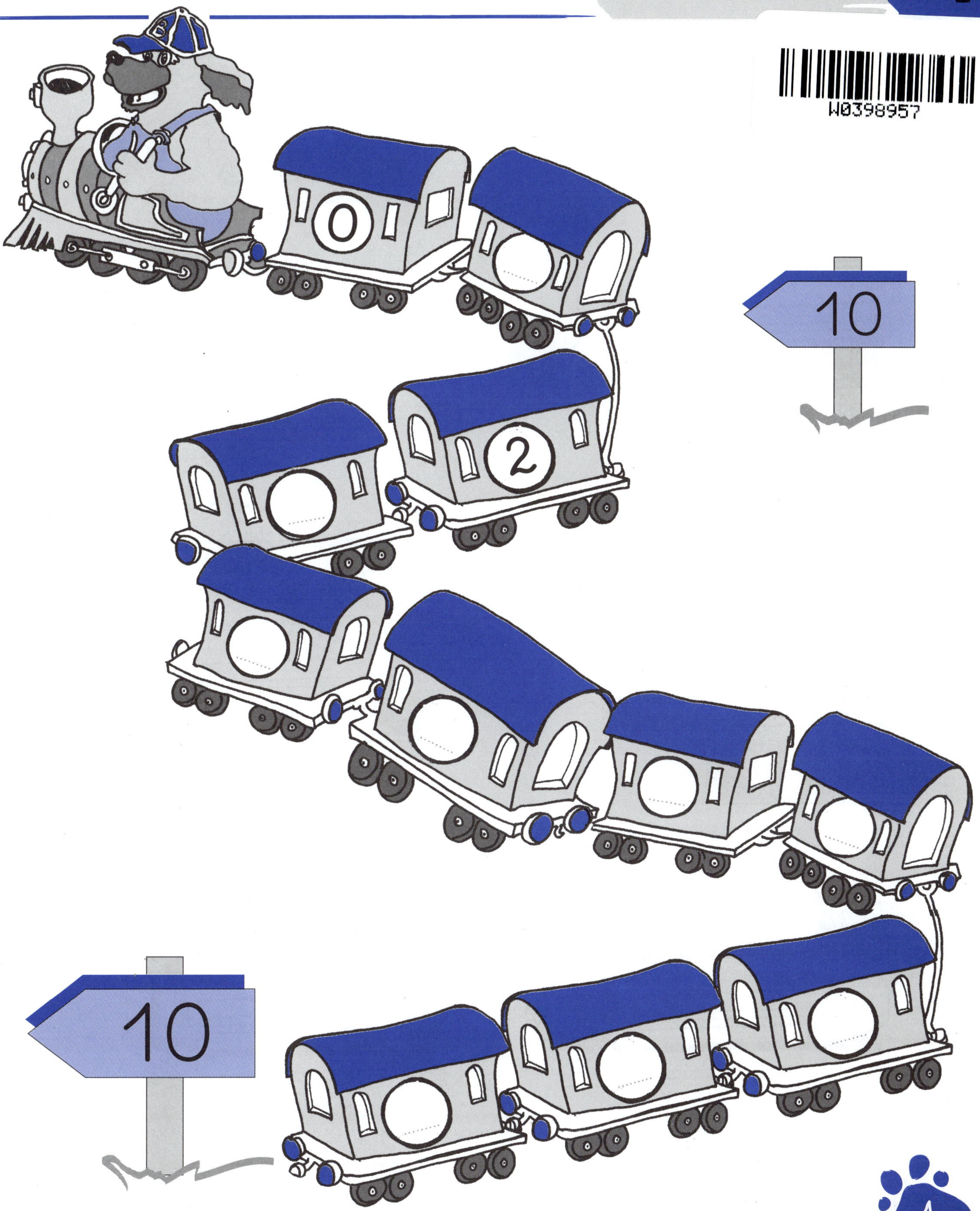

Nom .... Date ....

Compléter pour avoir 10

Tu dessines les crayons qui manquent pour en avoir 10.
Écris le nombre ajouté.

Basile complète pour qu'il y ait chaque fois 10 crayons sur le banc. Combien doit-il en ajouter chaque fois?

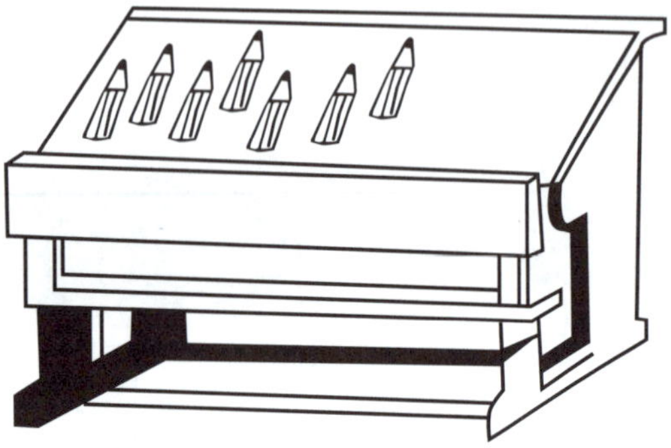

7 + ... = 10

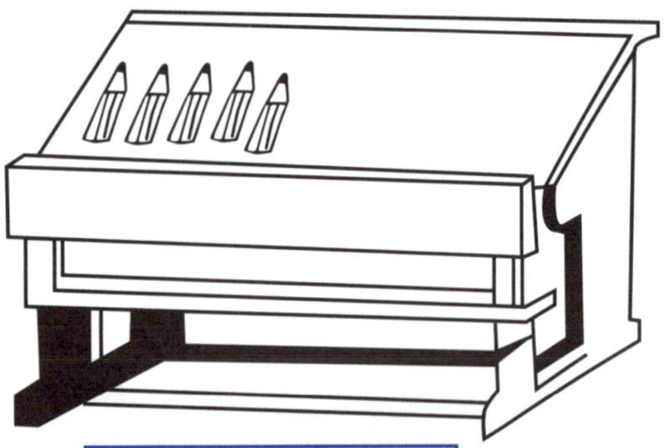

5 + ... = 10

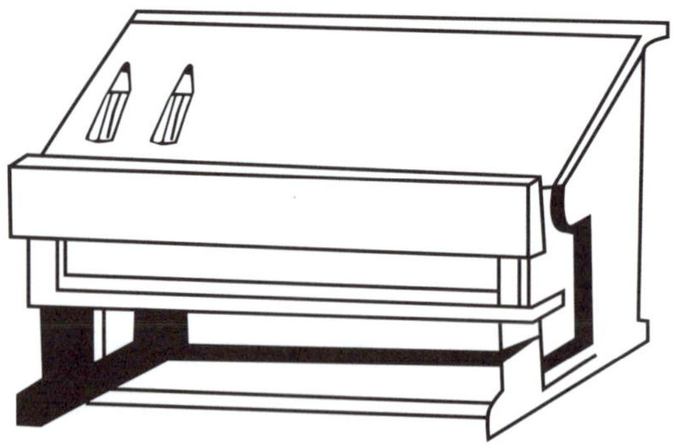

2 + ... = 10

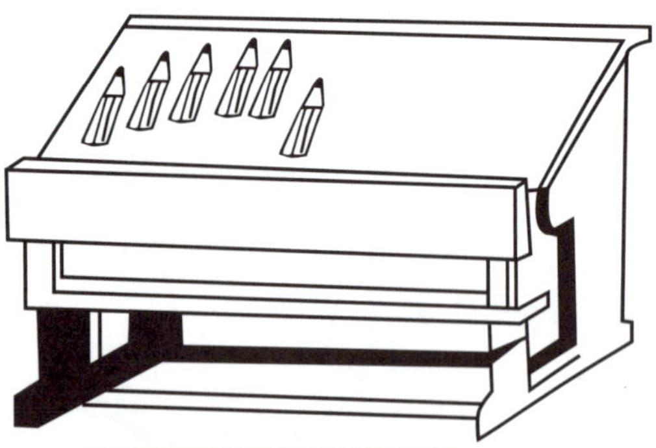

6 + ... = 10

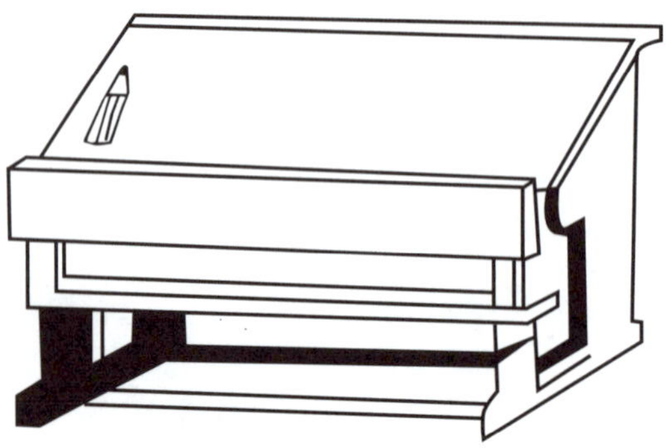

1 + ... = 10

Nom .... Date ....

Tu complètes pour avoir 10 perles.
Écris le calcul réalisé.

Basile réalise des colliers avec 10 perles. Aide-le à compléter les colliers en respectant les séries. La dernière série sera parfois incomplète.

.... + ... = 10

.... + ... = 10

.... + ... = 10

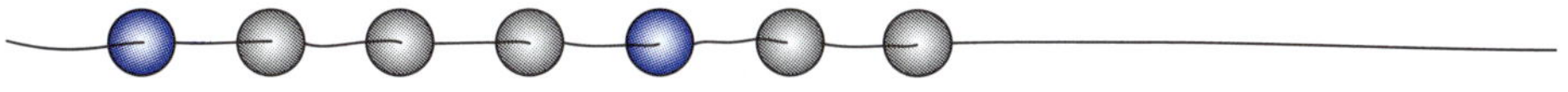

.... + ... = 10

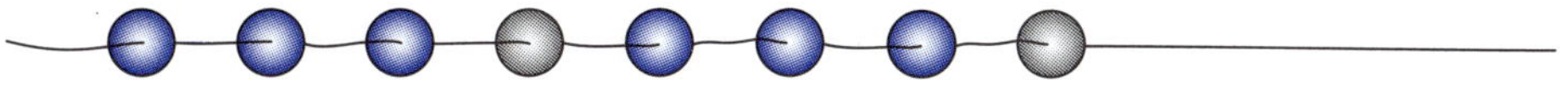

.... + ... = 10

Nom .... Date ....

Tu complètes pour avoir 10. 2

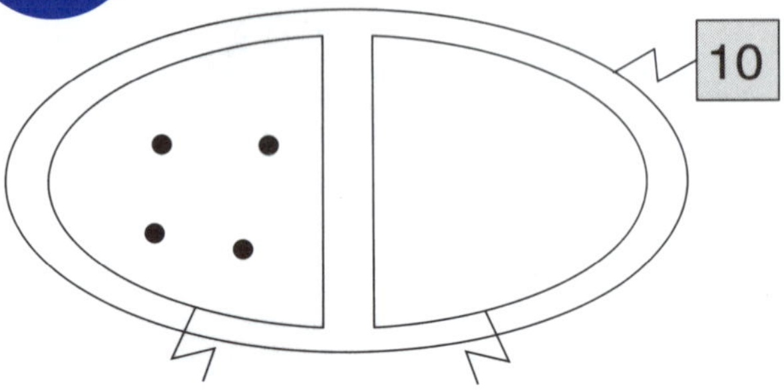

4 + ...

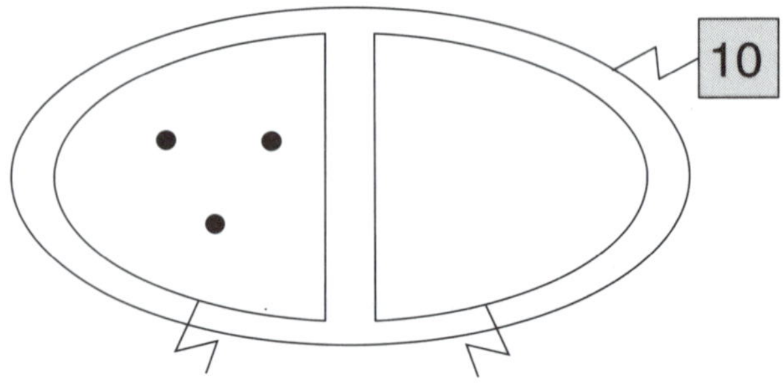

3 + ...

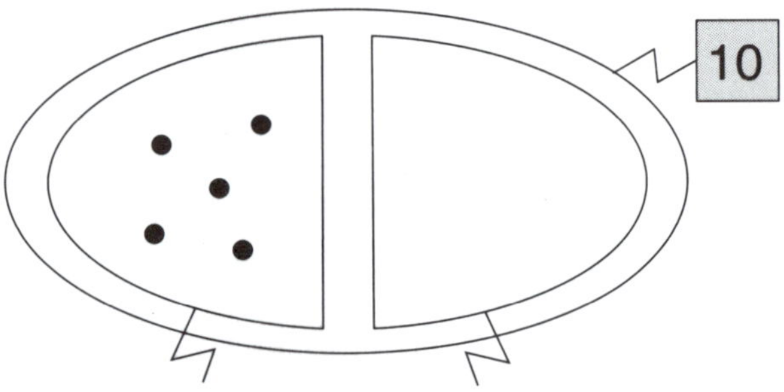

5 + ...

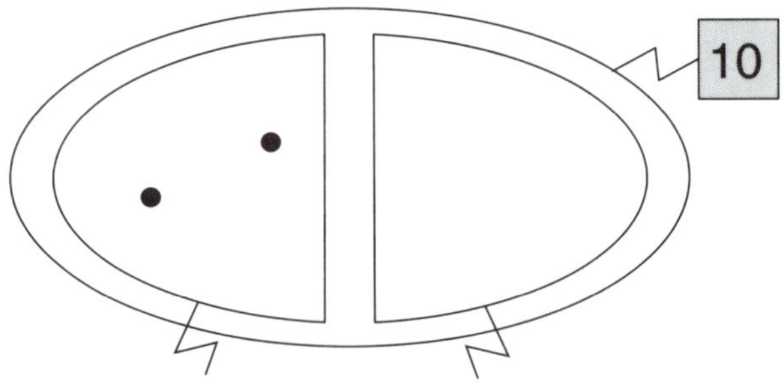

2 + ...

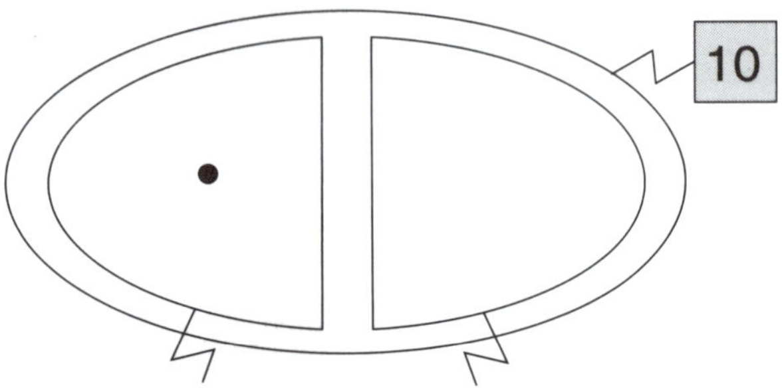

1 + ...

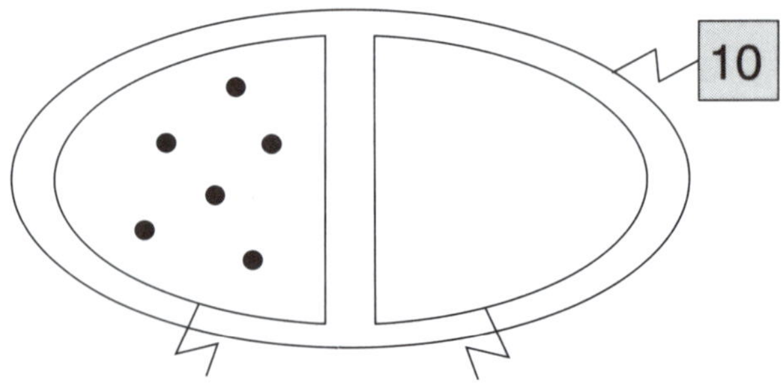

6 + ...

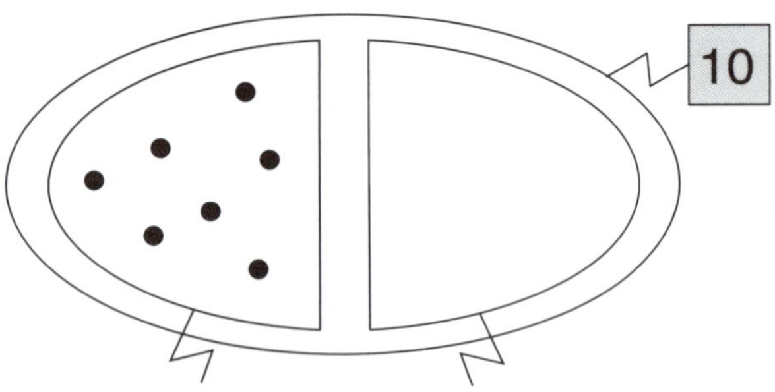

7 + ...

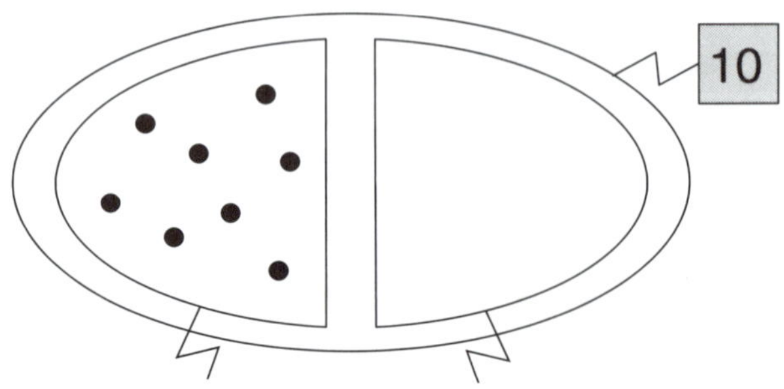

8 + ...

Nom .... Date ....

Tu entoures la même quantité pour chaque chiot.

Basile partage tout. Chaque chiot reçoit la même quantité.

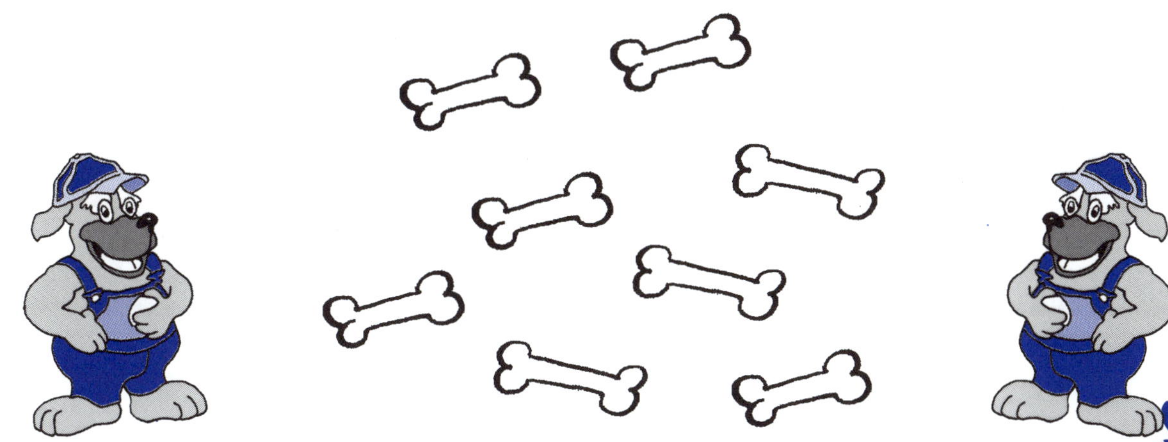

Nom .... Date ....

Prendre la demi de...

Tu entoures la demi.

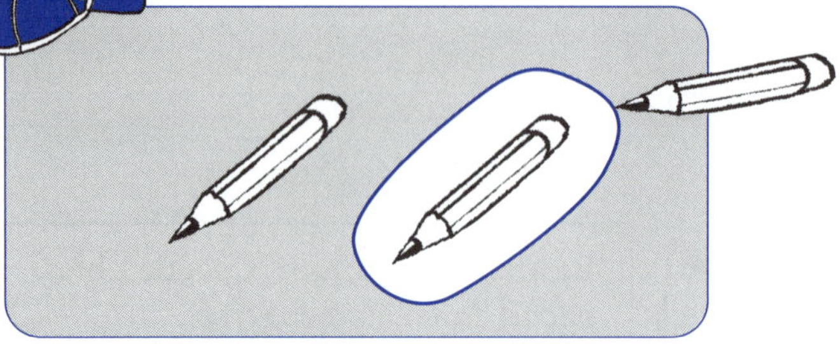

Basile prend une partie. Il laisse à l'autre la même quantité.
Il prend la demi.

la demi de 2 = ...

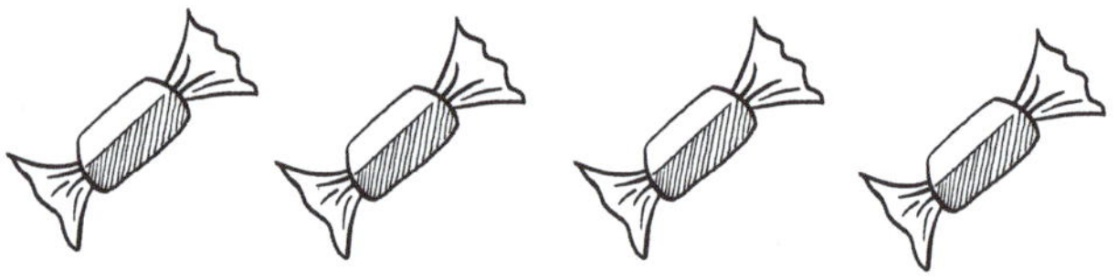

la demi de 4 = ...

la demi de 6 = ...

la demi de 8 = ...

la demi de 10 = ...

Nom .... Date ....

2 Tu écris la demi des nombres.

la demi de… / la moitié de… → $\frac{1}{2}$

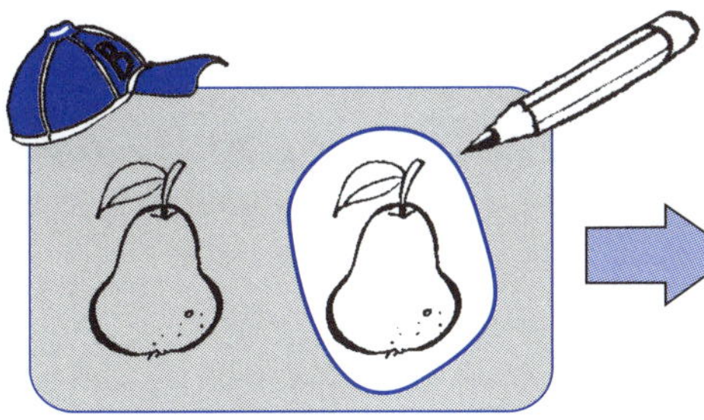

$\frac{1}{2}$ de 2 = ...

$\frac{1}{2}$ de 4 = ...

$\frac{1}{2}$ de 6 = ...

$\frac{1}{2}$ de 8 = ...

$\frac{1}{2}$ de 10 = ...

$\frac{1}{2}$ de .... = 1

$\frac{1}{2}$ de .... = 3

$\frac{1}{2}$ de .... = 5

$\frac{1}{2}$ de .... = 2

$\frac{1}{2}$ de .... = 4

Nom .... Date ....

Prendre la demi de...

Tu recherches la demi des quantités.

Basile a offert un os aux poissons qui ont bien ri. Tu entoures la moitié des poissons.

la demi de... → $\frac{1}{2}$

la moitié de... → $\frac{1}{2}$

Place $\frac{1}{2}$ des oiseaux dans un nid.

$\frac{1}{2}$ de 4 = ...

$\frac{1}{2}$ de 6 = ...

$\frac{1}{2}$ de 8 = ...

$\frac{1}{2}$ de	2	4	6	8	10
	1				

Nom .... Date ....

Écris le numéro, en ordre croissant, des photos de la matinée de Basile.

Nom .... Date ....

Dessine un symbole qui représente ce que tu fais chaque après-midi de la semaine.

Les après-midi de Basile.

Dessine ce qui représente le mieux une activité pour chacun des jours de ta semaine.

lundi	mardi	mercredi

jeudi	vendredi	samedi	dimanche

Avec tes amis, choisis le dessin qui représente le mieux chaque jour de la semaine.

Nom .... Date ....

BILAN module 8

1	2	3
Non encore réussi	Partiellement réussi	Totalement réussi

1. Tu complètes.

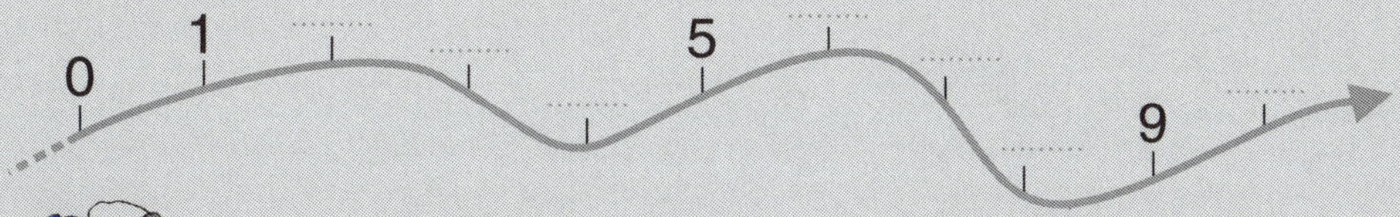

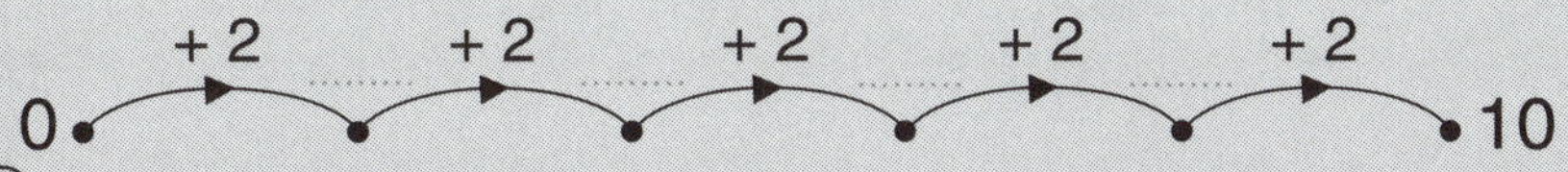

Ordonner jusque 10

REMARQUE

2. Tu complètes.

7 + … = 10	0 + … = 10	5 + … = 10
2 + … = 10	9 + … = 10	8 + … = 10
6 + … = 10	3 + … = 10	4 + … = 10

Compléter pour avoir 10

REMARQUE

3. Tu entoures la même quantité pour chaque chiot.

Réaliser des parts équivalentes

REMARQUE

Nom …… Date ……

BILAN module 8

1	2	3
Non encore réussi	Partiellement réussi	Totalement réussi

Prendre la demi.

REMARQUE

1. Tu entoures et tu complètes.

$\frac{1}{2}$ de 2 = ...

$\frac{1}{2}$ de 4 = ...

$\frac{1}{2}$ de 8 = ...

$\frac{1}{2}$ de 6 = ...

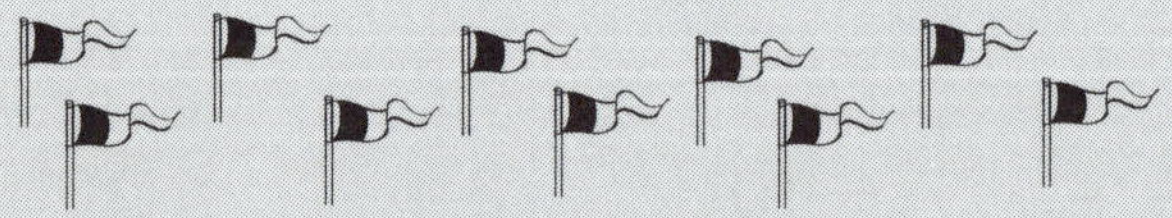

$\frac{1}{2}$ de 10 = ...

Organiser la semaine.

REMARQUE

2. Écris le numéro du premier au dernier jour de la semaine.

mercredi

lundi

jeudi

vendredi

mardi

samedi

dimanche

Nom .... Date ....

Avec ton matériel, tu manipules, de manière à toujours obtenir 10, tu fais des tas différents. Dessine des œufs, des fruits, ...

Je dessine	Je calcule
 	10 = 4 + ... + 4 = 10 10 = ... + 4 4 + ... = 10

Nom .... Date ....

Décomposer additivement le nombre 10

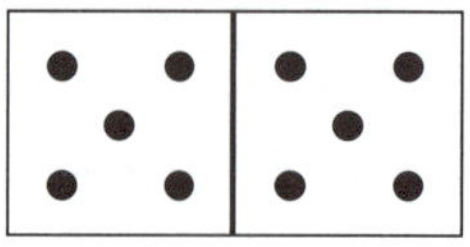 10

Je dessine	Je calcule

Nom .... Date ....

2 Tu réalises les additions.

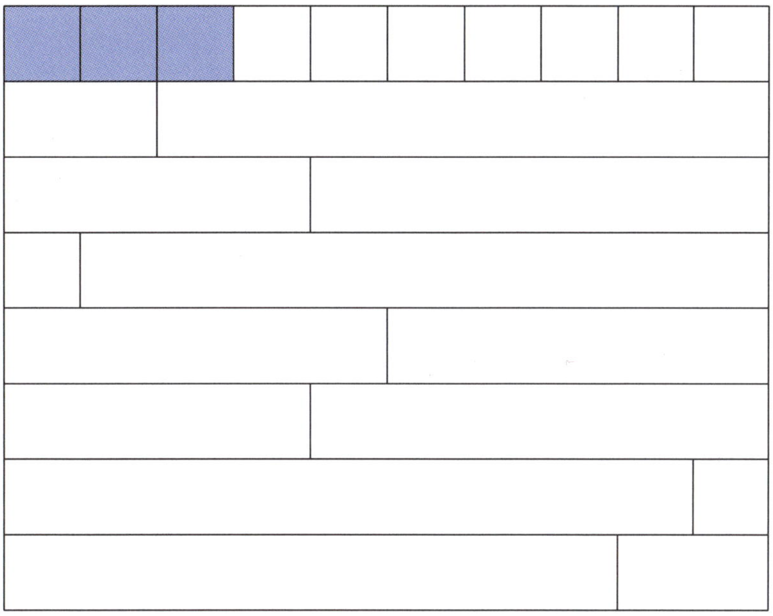

10 = 3 + ...

10 = 2 + ...

10 = ... + ...

10 = ... + ...

10 = ... + ...

10 = ... + ...

10 = ... + ...

10 = ... + ...

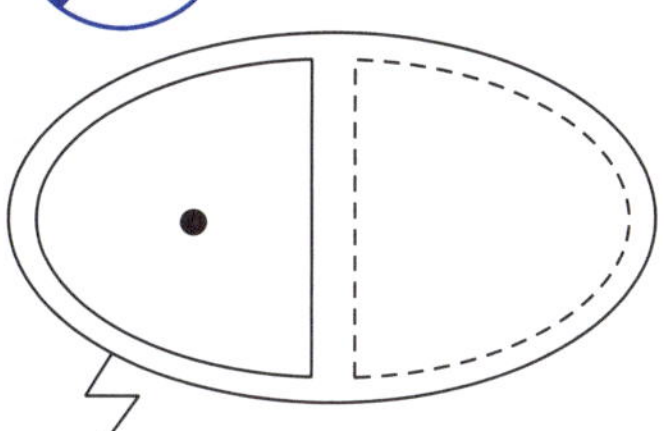

10 = ... + ...

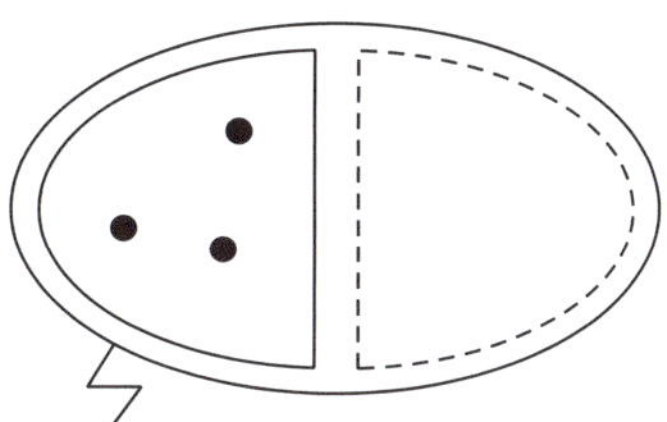

10 = ... + ...

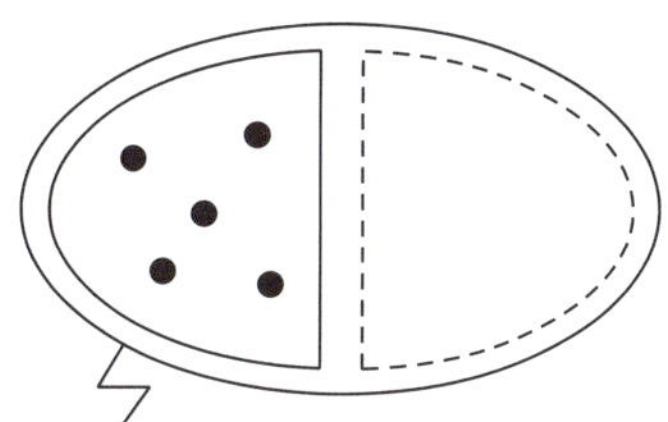

10 = ... + ...

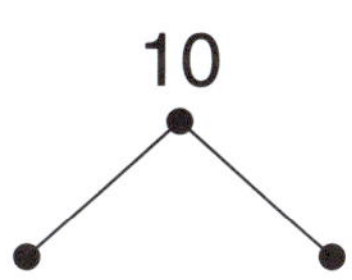

....

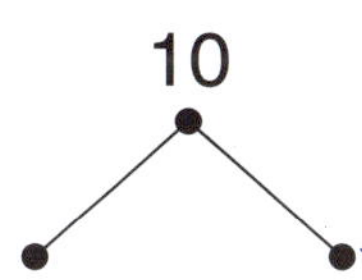

....

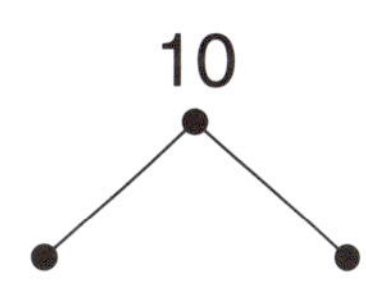

....

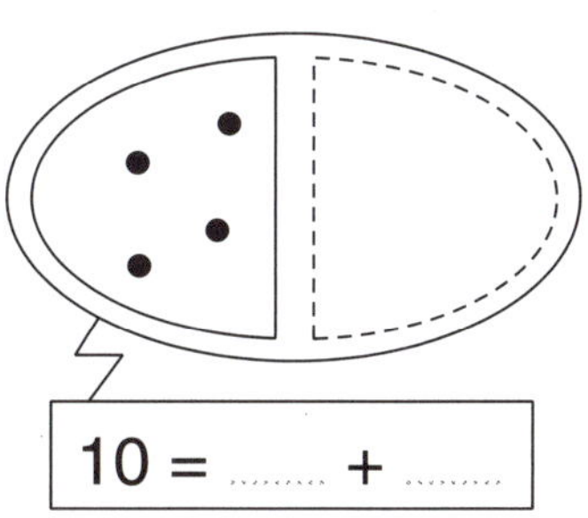

10 = ... + ...

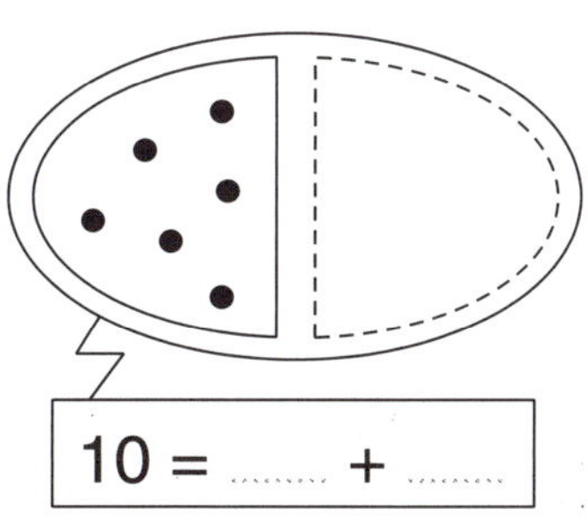

10 = ... + ...

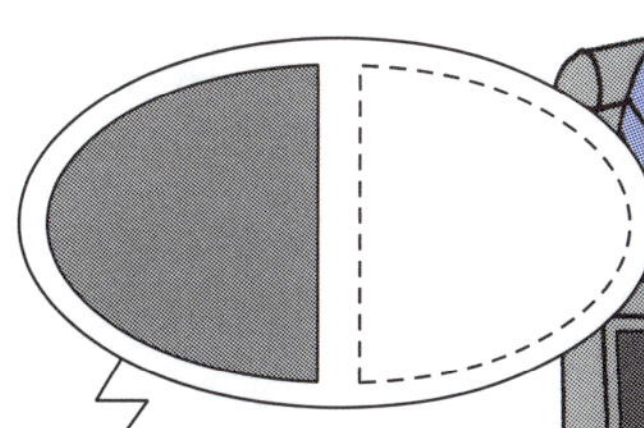

10 = ... + ...

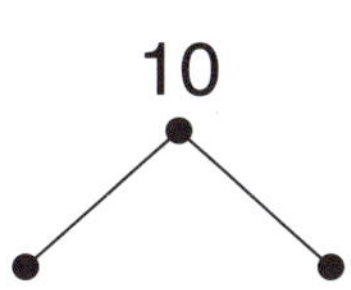

....

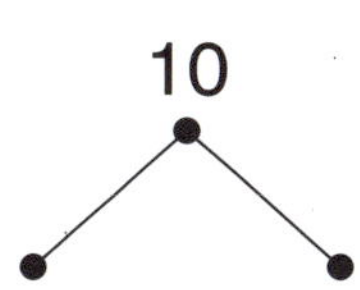

....

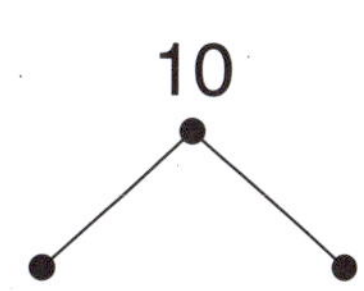

....

Nom .... Date ....

Tu fais des paquets de 10
et tu vérifies combien
tu as en tout.

10 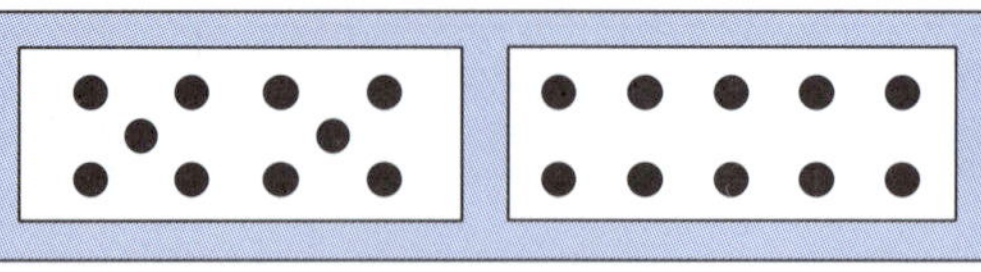 dix

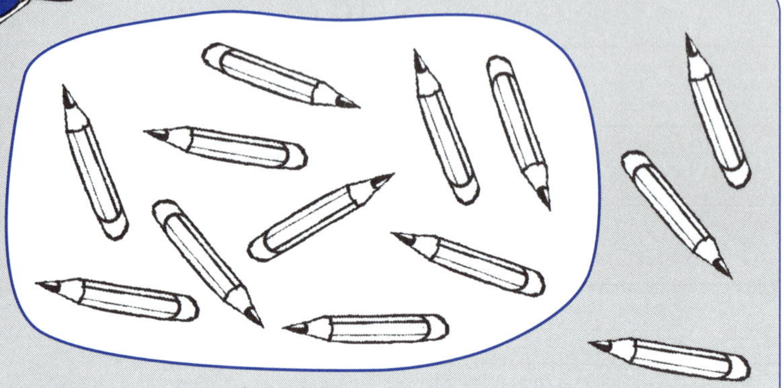

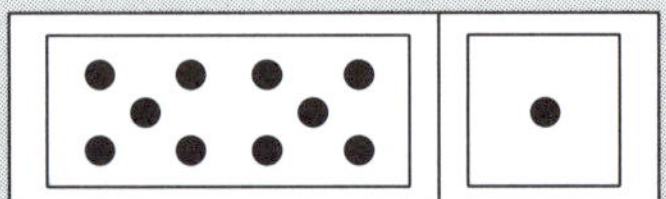

1	3

Basile a fait des paquets de 10 crayons. Il conserve les crayons en plus. Combien a-t-il chaque fois en tout ?

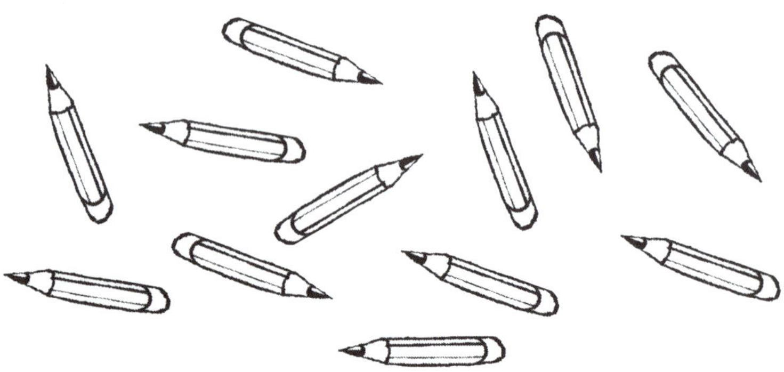

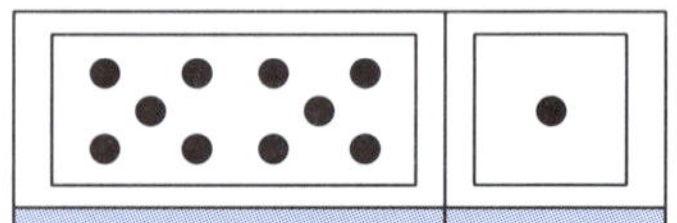

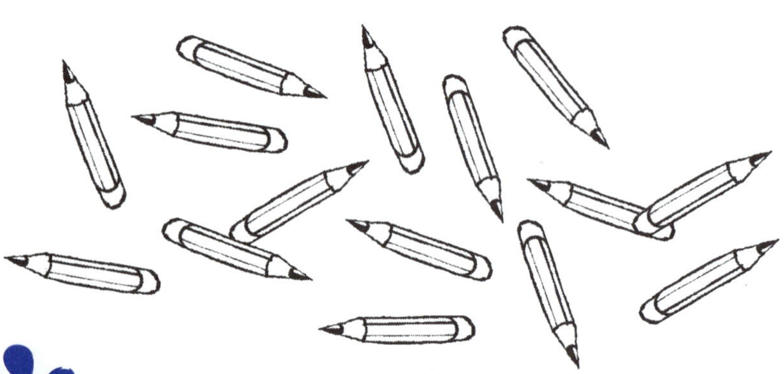

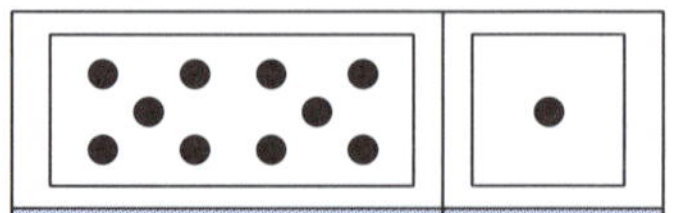

Nom .... Date ....

2 Tu recherches combien il y a en tout.

10 + 1 = 11

10 + ... = 12

10 + ... = 13

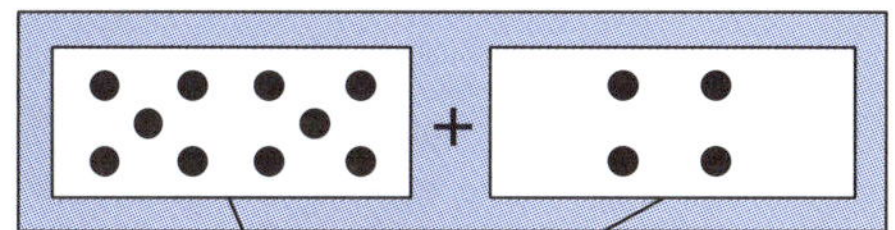

10 + ... = 14

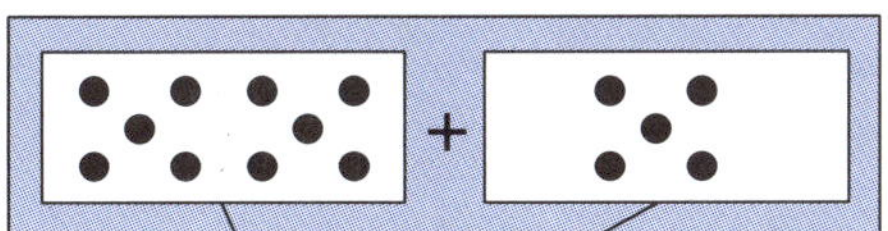

10 + ... = 15

10 + ... = ...

10 + ... = ...

.... + ... = ...

.... + ... = ...

10 + ... = 20

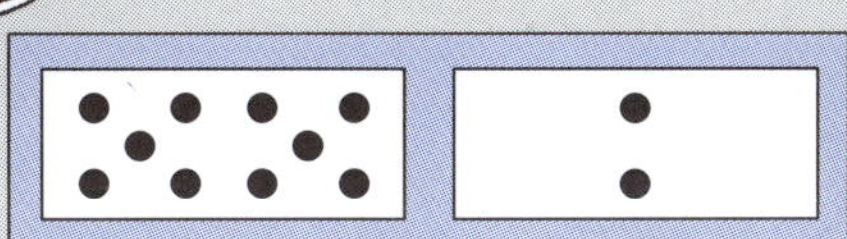

12

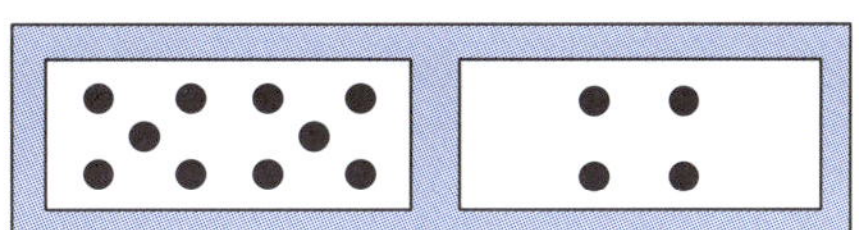

....

....

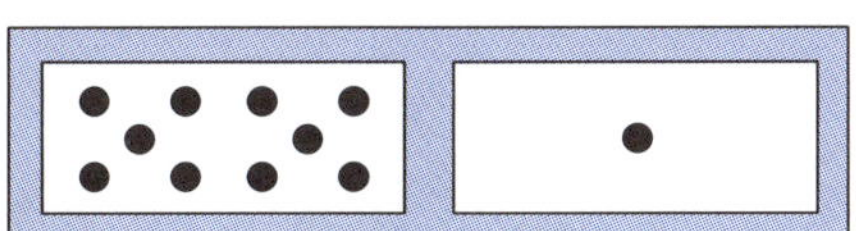

....

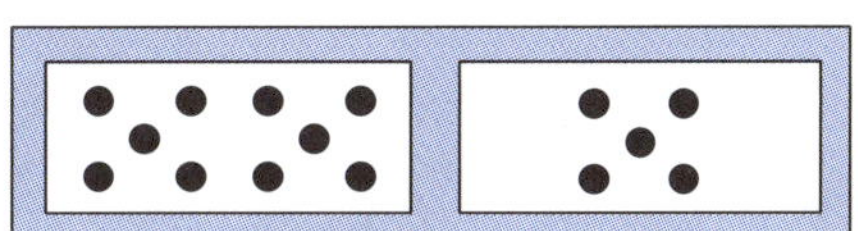

....

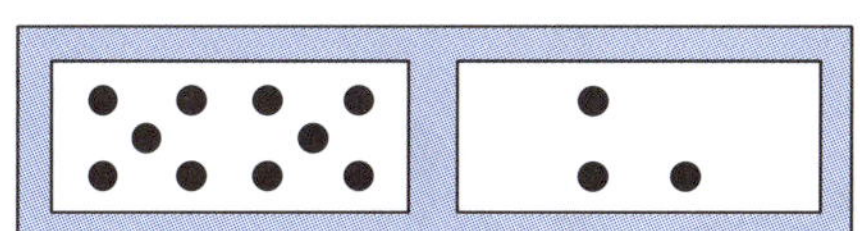

....

....

....

....

Nom .... Date ....

Tu recherches les parts de chacun.

Chaque écureuil a reçu la même quantité de noisettes. Écris la part de chacun et recherche combien il y a chaque fois de noisettes en tout.

Tous les os sont distribués, chacun reçoit la même quantité. Entoure la part de chacun et écris le nombre d'os qu'il reçoit.

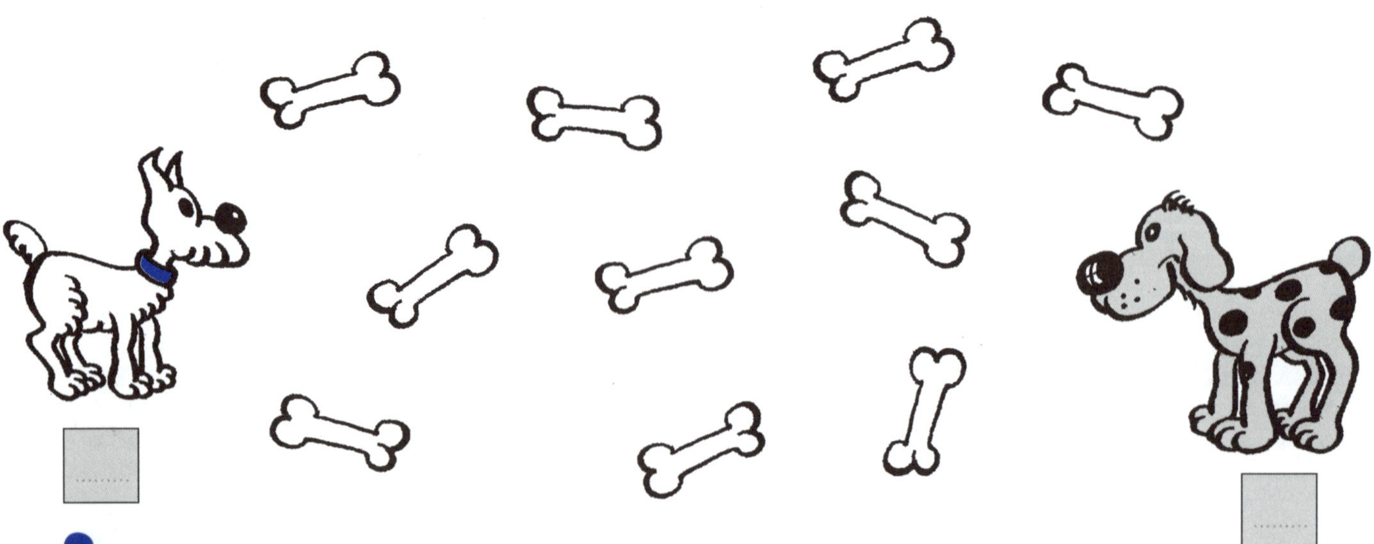

Nom .... Date ....

Tu entoures chaque fois la demi.

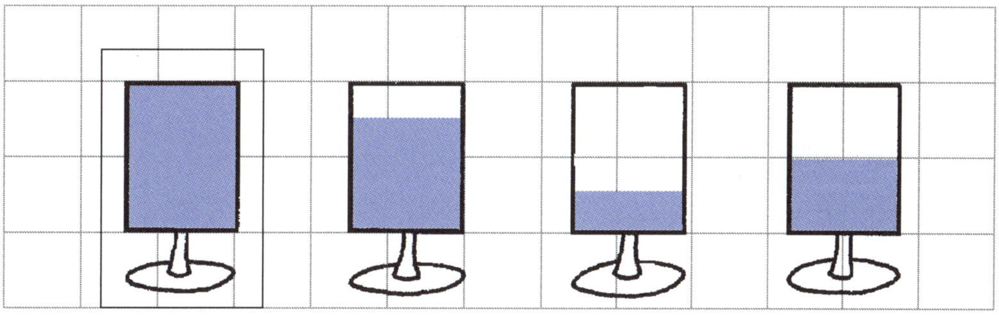

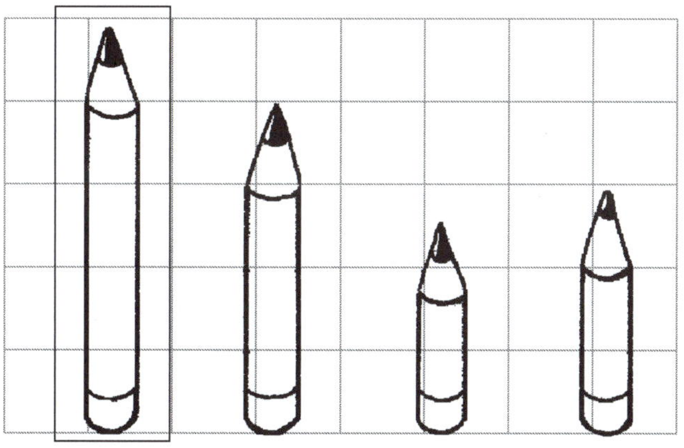

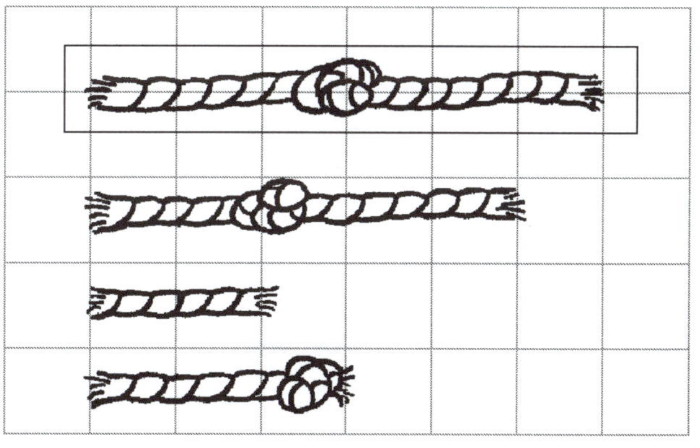

Nom .... Date ....

Pour chacun des dessins, tu écris vrai (V) ou faux (F).

 sert à naviguer

 sert à voler

V	F

Nom .... Date ....

Tu repasses sur le trajet de Basile.

Basile prend le chemin le plus court vers son garage. Mais il y a beaucoup de routes barrées. Repasse sur le trajet de Basile.

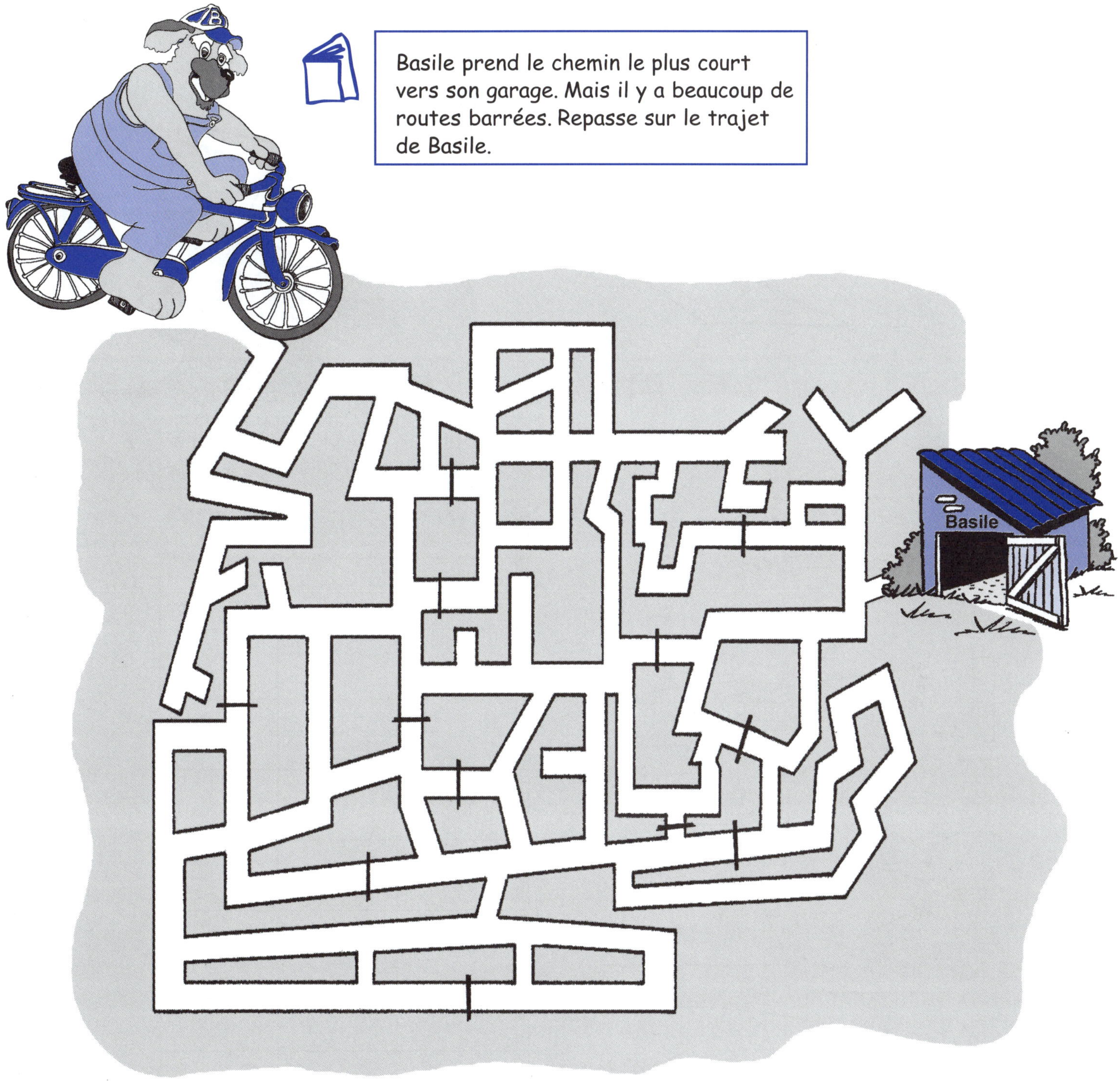

Nom .... Date ....

Tu analyses chaque forme et tu écris vrai (V) ou faux (F).

V ou F

Observe les traces des boîtes de Basile.

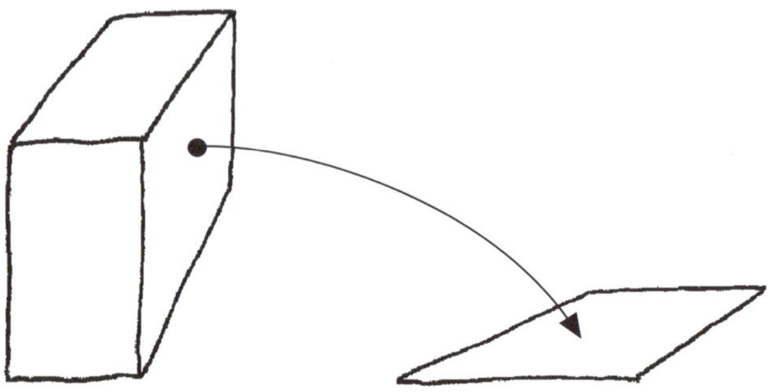

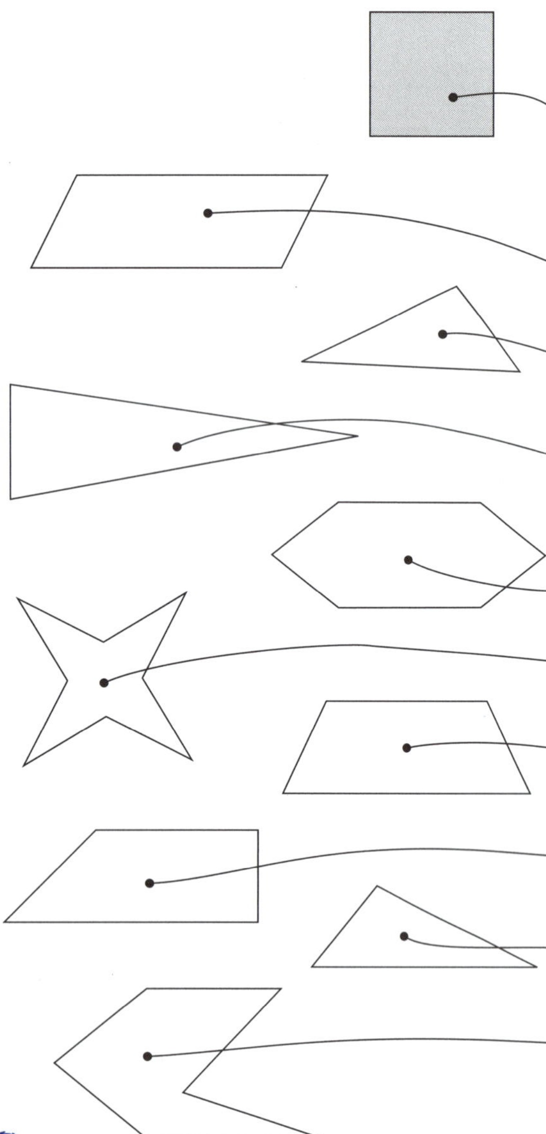

J'ai 4 côtés	J'ai plus de 4 côtés	J'ai moins de 4 côtés
V	F	F

Nom .... Date ....

BILAN module 9

1	2	3
Non encore réussi	Partiellement réussi	Totalement réussi

1. Tu complètes

10 = 3 + ...	10 = 6 + ...	10 = 2 + ...
10 = 1 + ...	10 = 9 + ...	10 = 7 + ...
10 = 5 + ...	10 = 4 + ...	10 = 8 + ...
10 = 0 + ...	10 = 10 + ...	

Décomposer additivement le nombre 10

1	2	3

REMARQUE

2. Tu relies.

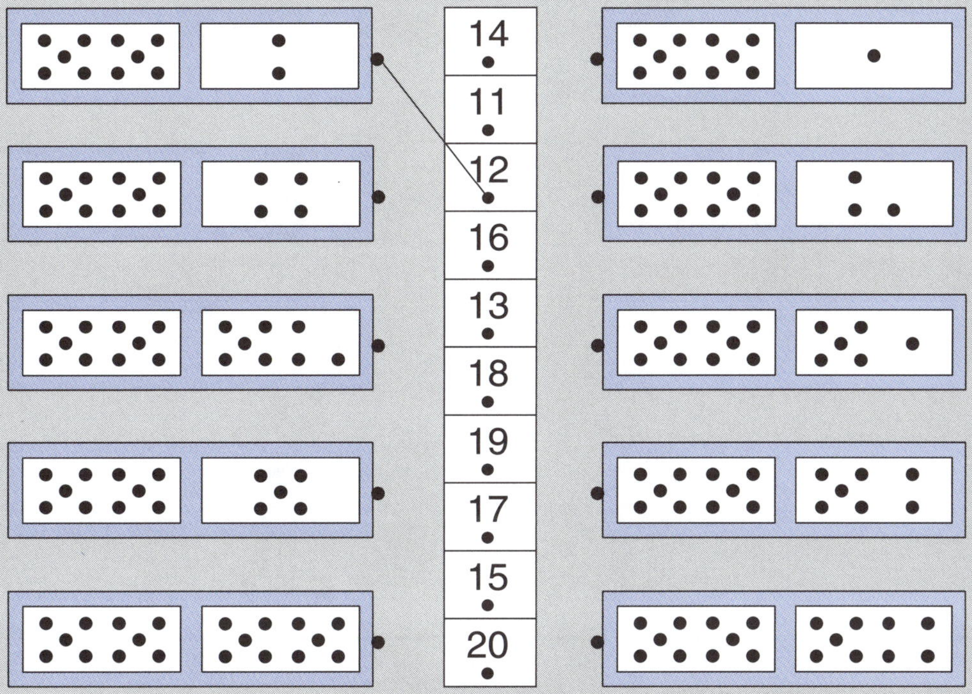

Regrouper par 10

1	2	3

REMARQUE

3. Tu colories la moitié de chaque forme.

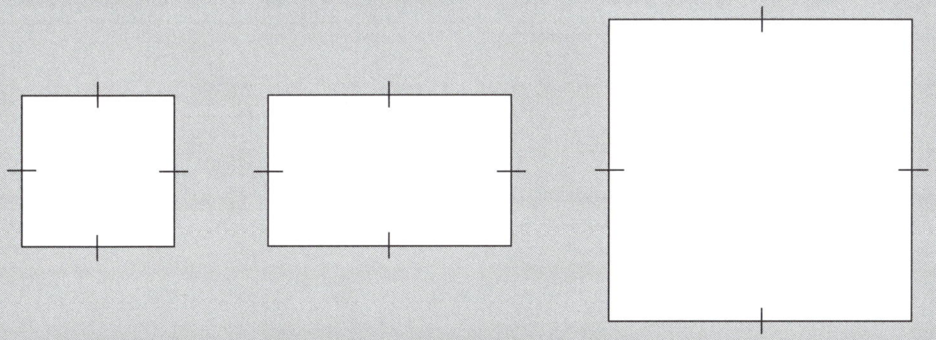

Retrouver la demi de...

1	2	3

REMARQUE

Nom .... Date ....

1	2	3
Non encore réussi	Partiellement réussi	Totalement réussi

Réaliser des parts équivalentes

REMARQUE

BILAN module 9

1. Tu recherches les parts de chacun. Tu entoures ces parts équivalentes. Tu inscris les nombres.

Reconnaître les traces des boîtes

REMARQUE

2. Tu écris vrai ou faux. V ou F

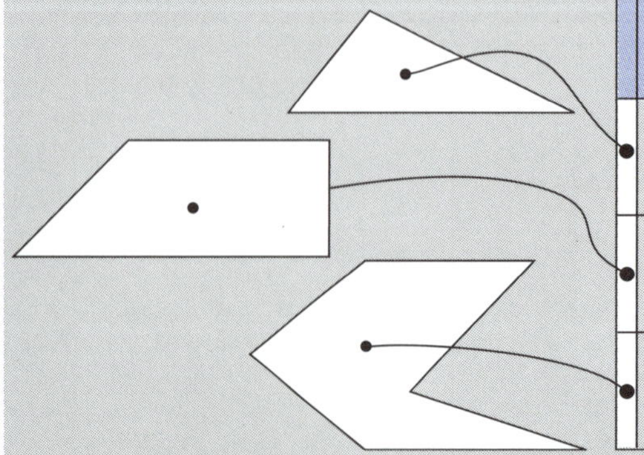

J'ai 4 côtés	J'ai plus de 4 côtés	J'ai moins de 4 côtés

Nom .... Date ....

2 Tu complètes la table d'addition.

+	1	2	3	4	5	6	7	8	9	10
0										
1										
2										
3										
4										
5										
6										
7										
8										
9										
10										

Nom .... Date ....

Étendre la suite des nombres jusque 20

Tu écris les nombres jusque 20.

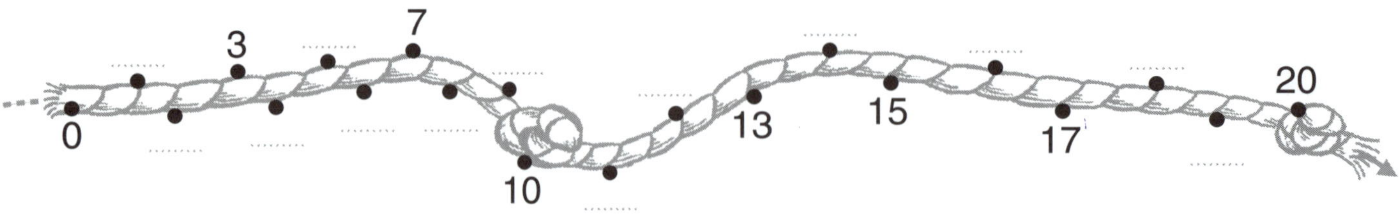

10 + ……… = 13   10 + ……… = 17

10 + ……… = 11   10 + ……… = 20

10 + ……… = 14   10 + ……… = 12

10 + ……… = 15   10 + ……… = 18

Tu lis et tu retiens les noms des nombres.

11	10	1	*onze*
12	10	2	*douze*
13	10	3	*treize*
14	10	4	*quatorze*
15	10	5	*quinze*
16	10	6	*seize*
17	10	7	*dix-sept*
18	10	8	*dix-huit*
19	10	9	*dix-neuf*
20	10	10	*vingt*

Nom ……………………………… Date ………………

2 Tu écris les nombres jusque 20.

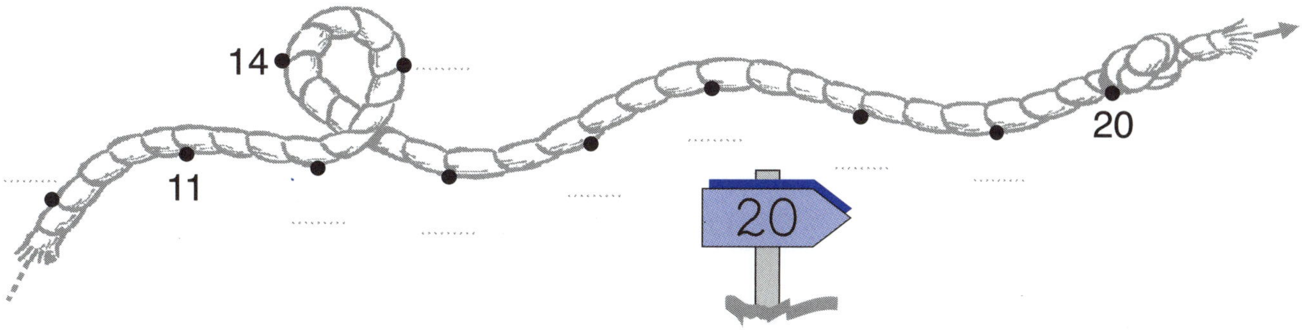

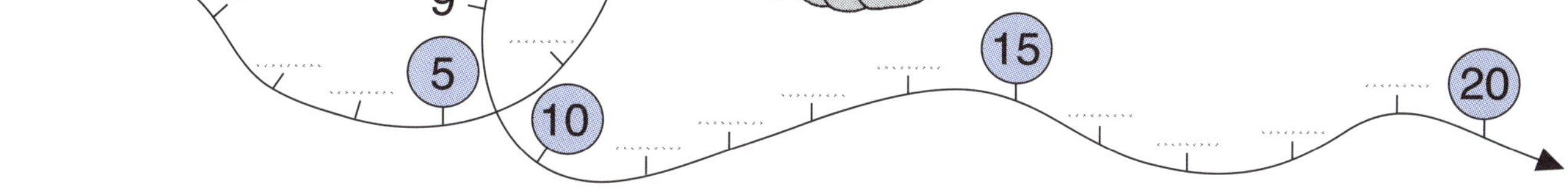

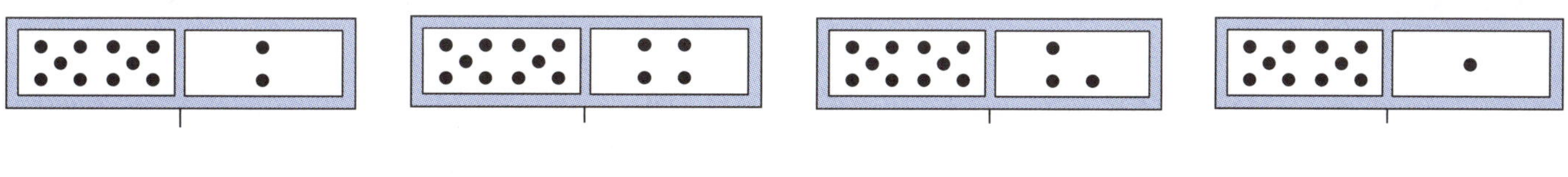

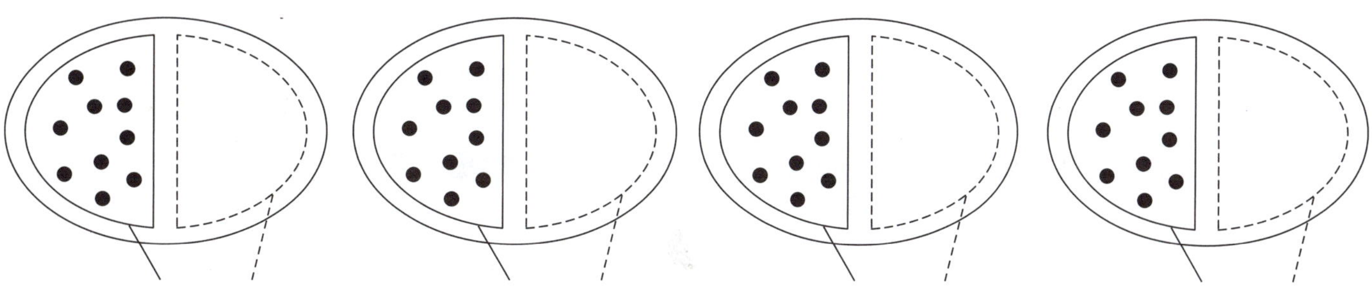

15 = 10 + ...

17 = 10 + ...

19 = 10 + ...

16 = 10 + ...

Nom .... Date ....

Étendre la suite des nombres jusque 20

Tu relies et tu lis les noms des nombres.

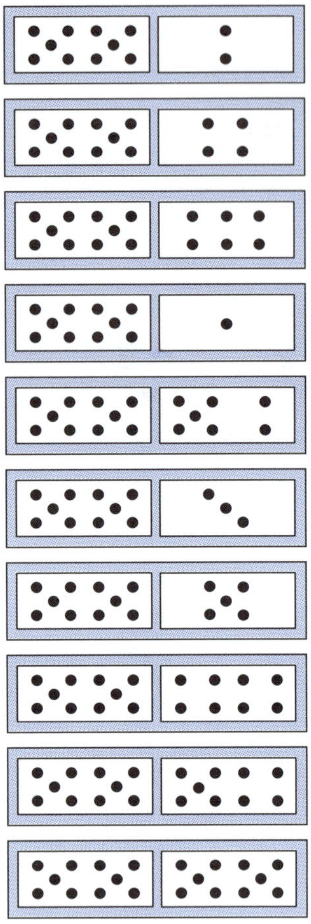

- 14 *quatorze*
- 12 *douze*
- 11 *onze*
- 13 *treize*
- 16 *seize*
- 15 *quinze*
- 20 *vingt*
- 18 *dix-huit*
- 19 *dix-neuf*
- 17 *dix-sept*

nombre de tas de dix ou de *dizaines*	**nombre de un ou d'*unités***
1	**7**

17 ➡ **une *dizaine* et 7 *unités*** ➡

17

Nom .... Date ....

Tu regroupes par 10.

nombre de *dizaines*	nombre d'*unités*
1	4

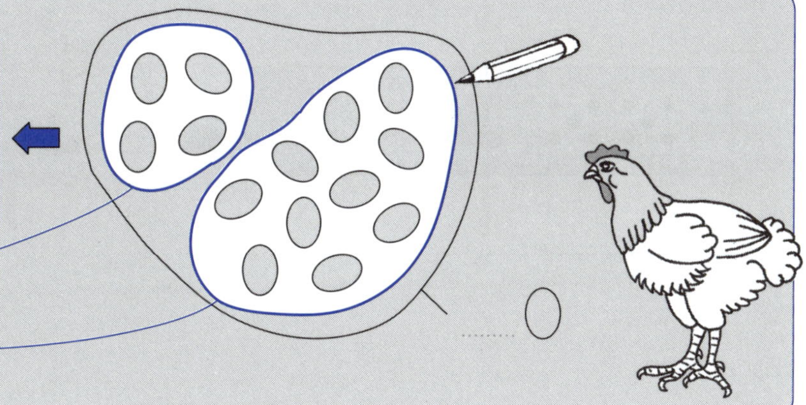

nombre de *dizaines*	nombre d'*unités*

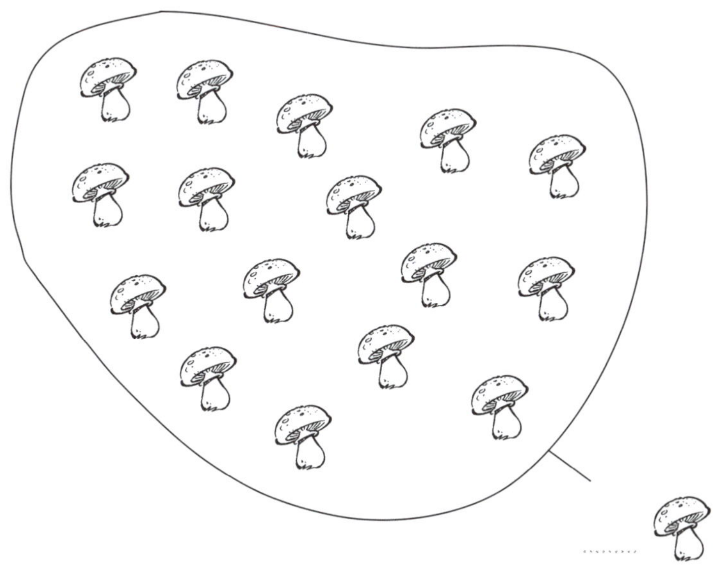

nombre de *dizaines*	nombre d'*unités*

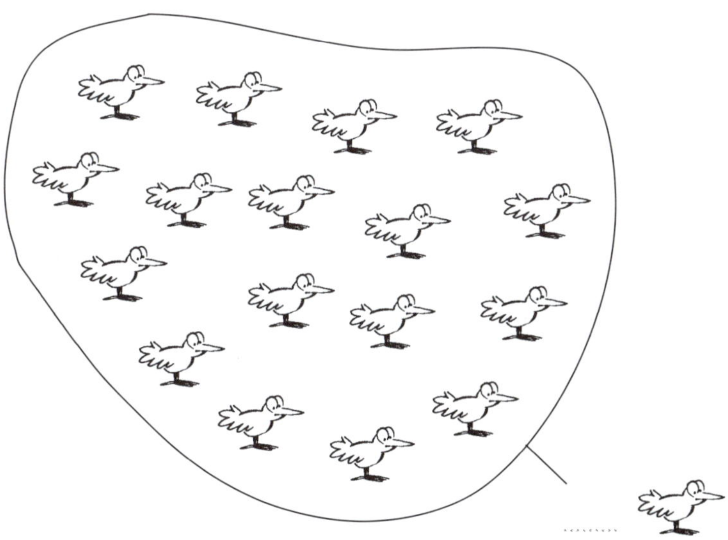

Nom .... Date ....

Composer les nombres supérieurs à 10

Tu regroupes par 10.

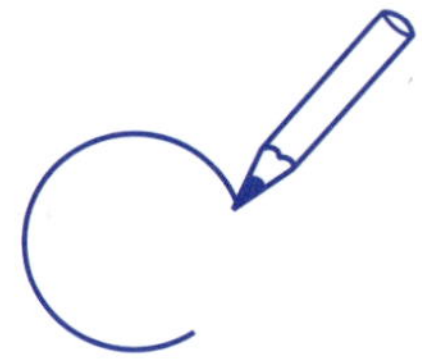

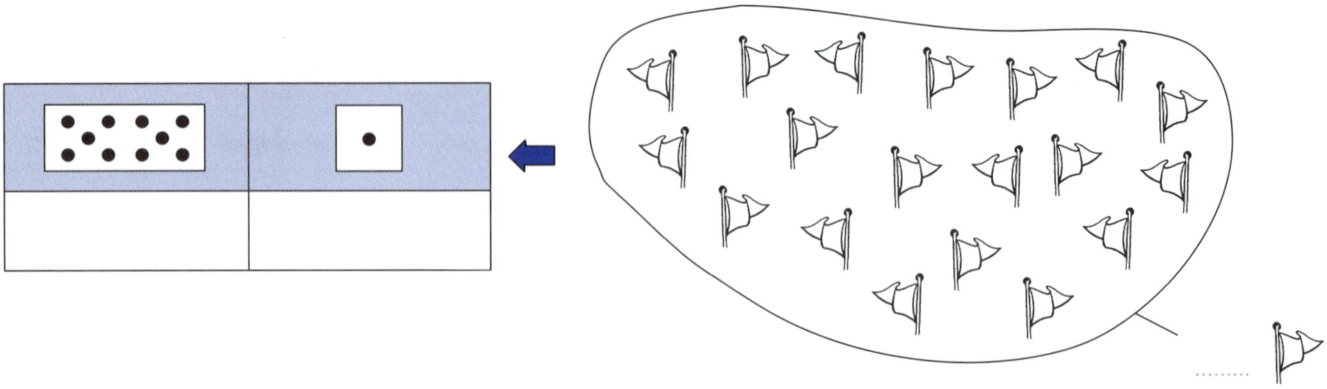

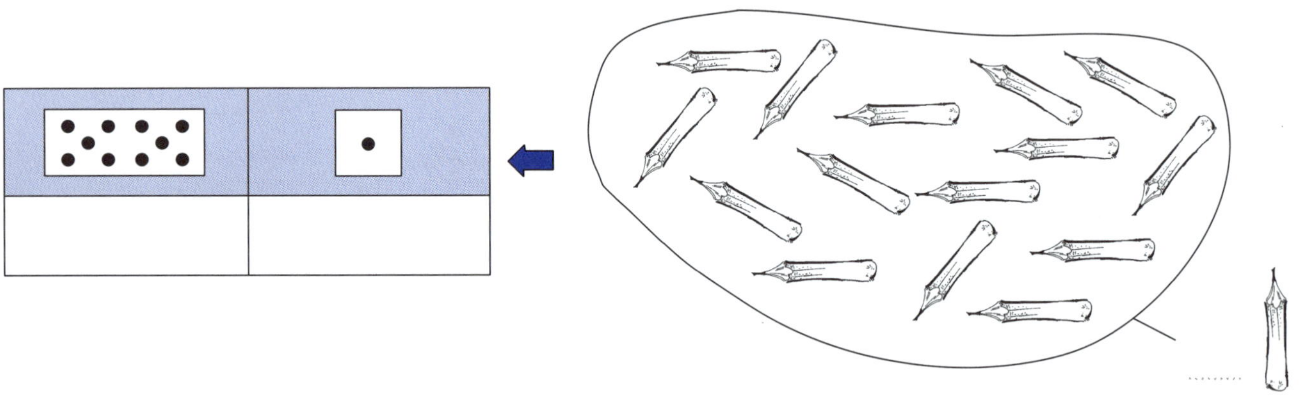

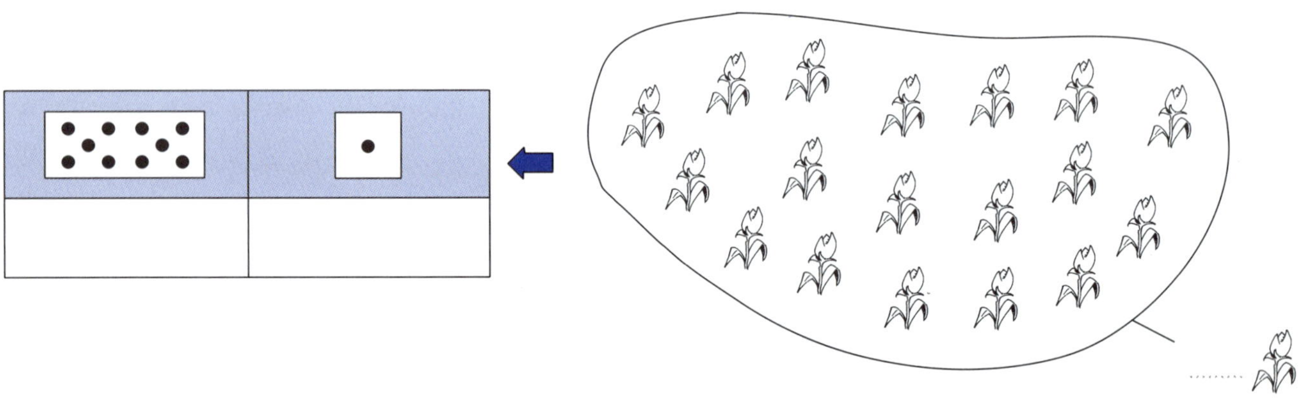

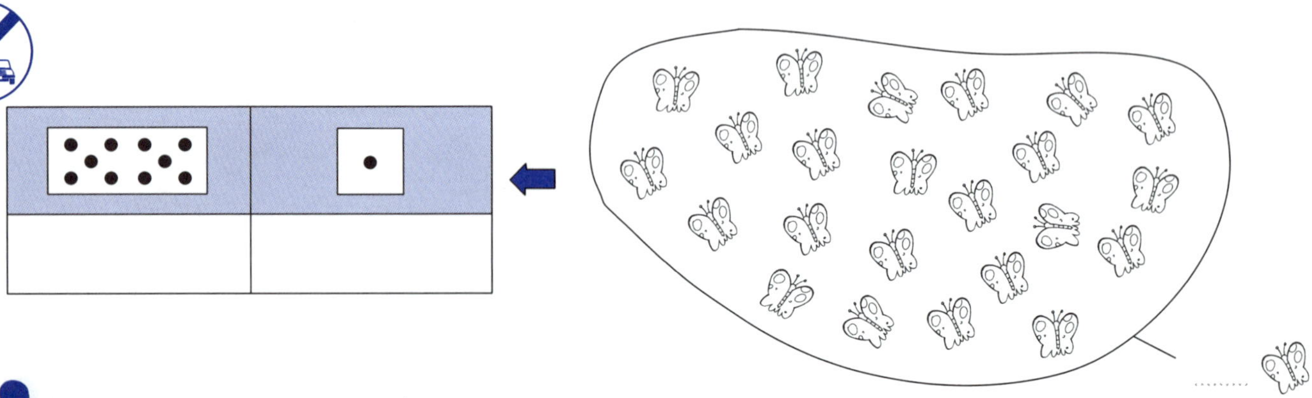

Nom .... Date ....

Tu barres les objets qui ne correspondent pas à l'étiquette.

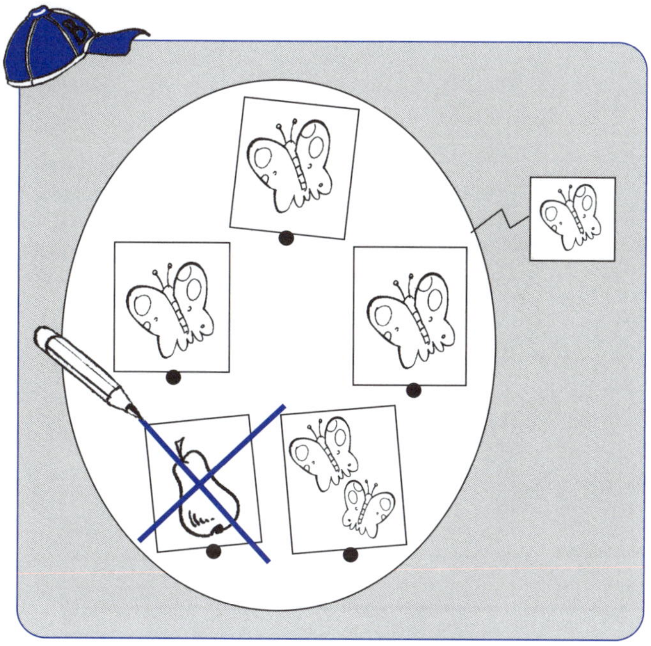

Basile met de l'ordre dans ses collections. Il retire les images qui ne sont pas à leur place. Aide-le en barrant les images qui ne correspondent pas à l'étiquette.

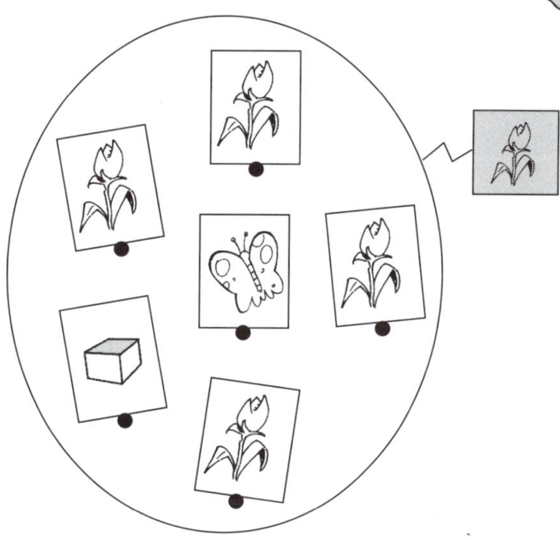

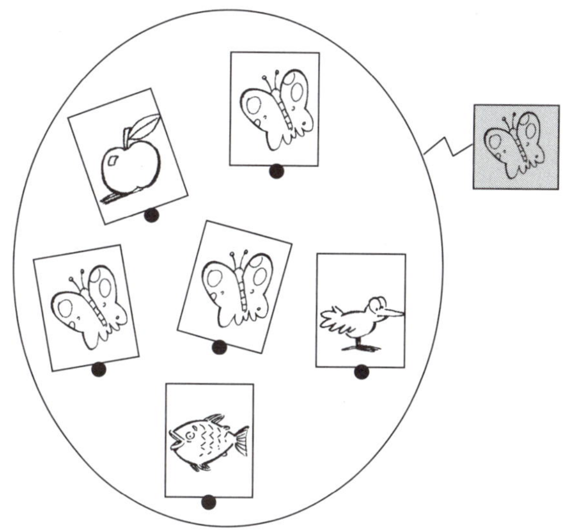

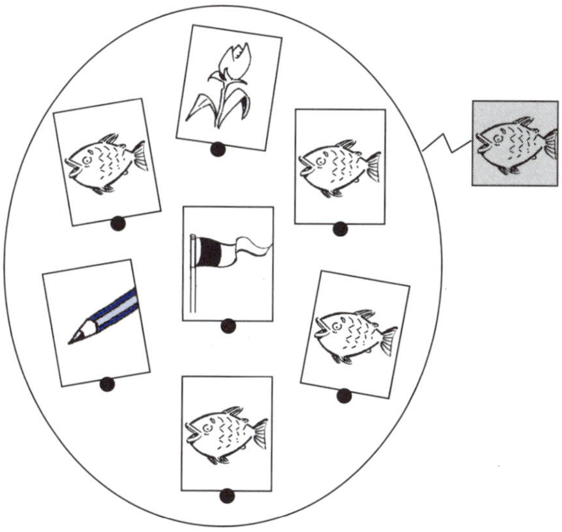

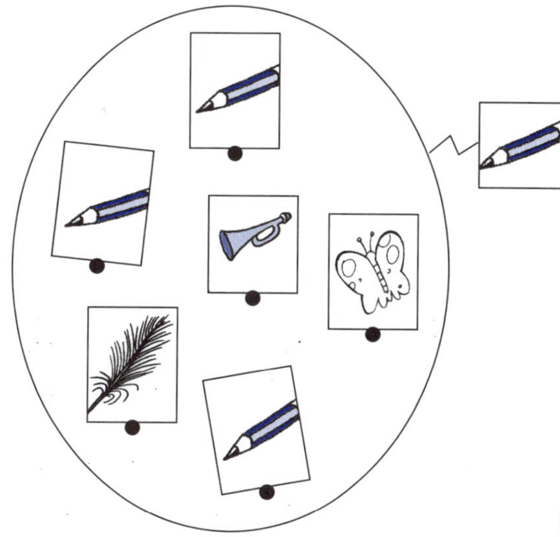

Nom .... Date ....

Tu recherches combien il reste.

Le lapin a chipé des carottes.

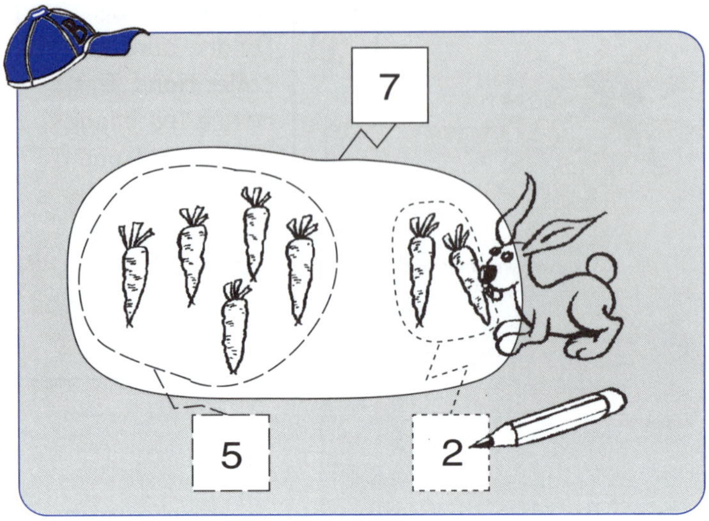

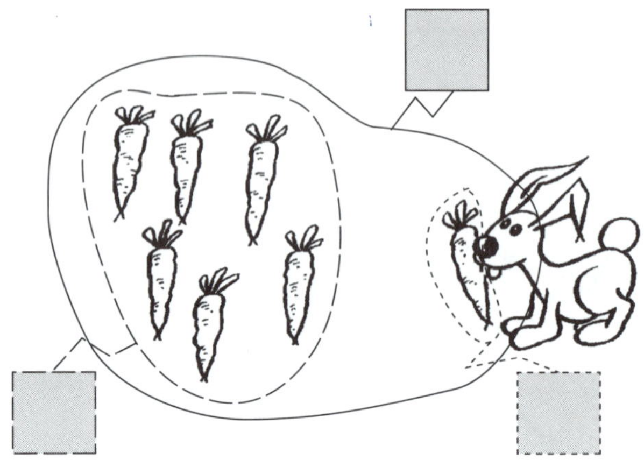

L'institutrice reprend les crayons à tailler.

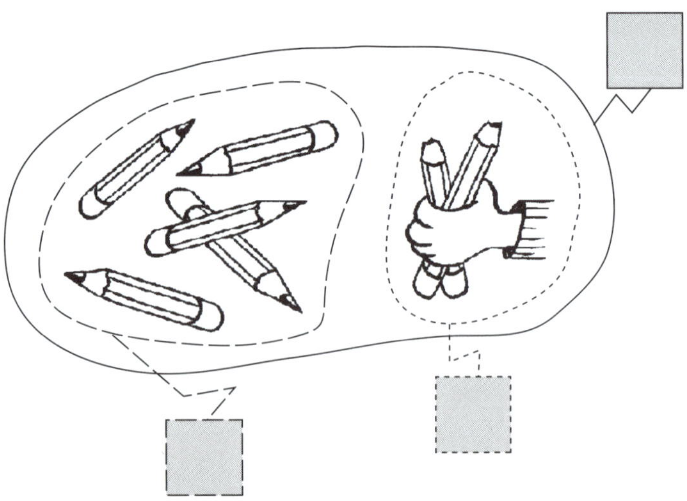

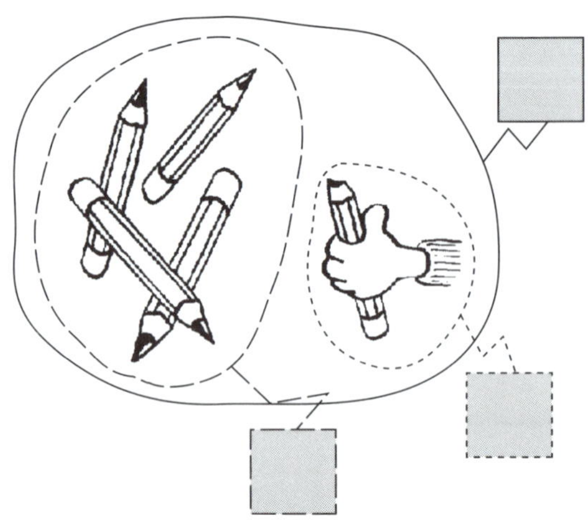

Des lapins se sont échappés!

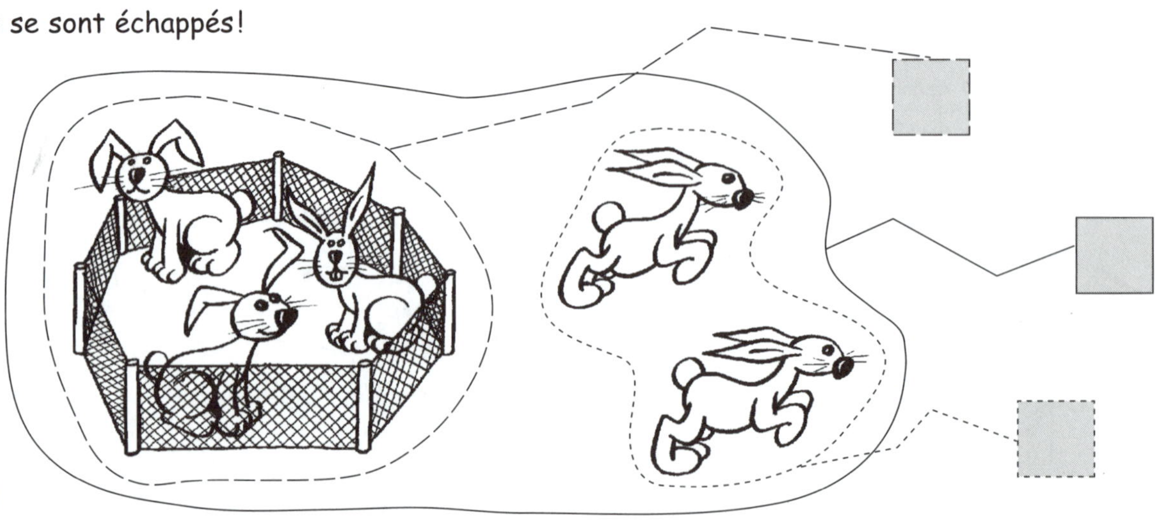

Nom .... Date ....

2 Tu recherches combien il reste.

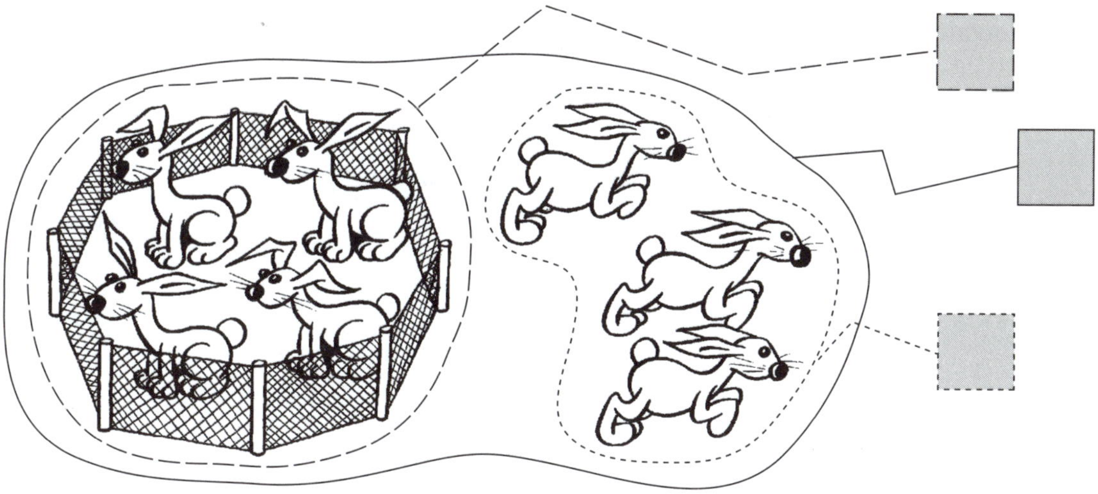

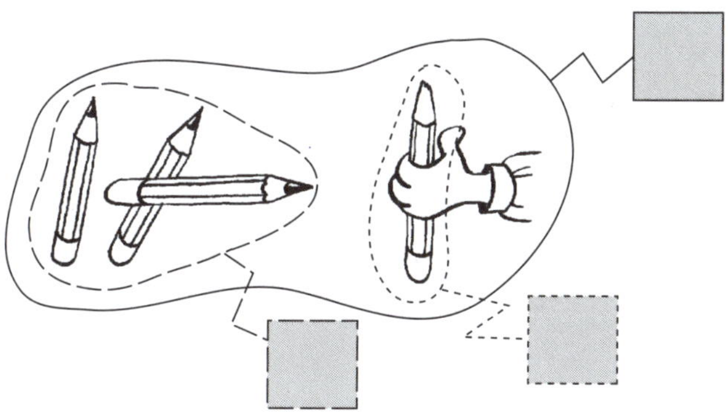

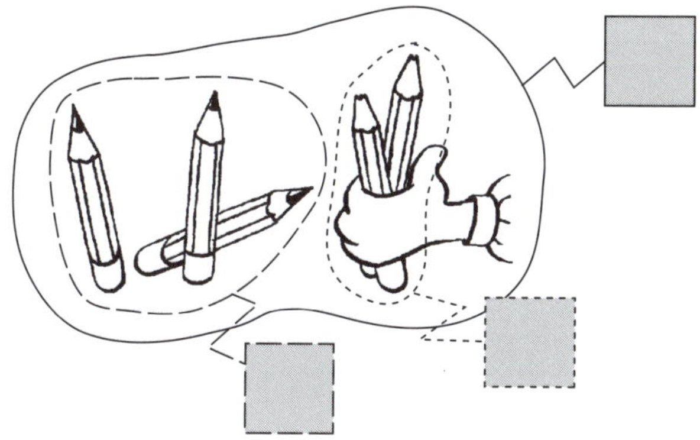

Tu entoures et barres les objets en trop pour avoir le nombre indiqué.

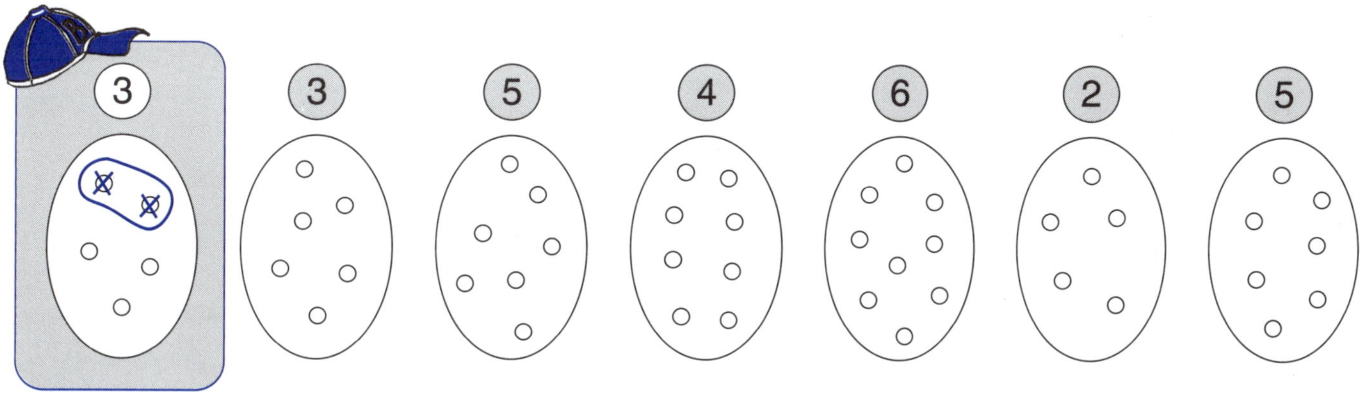

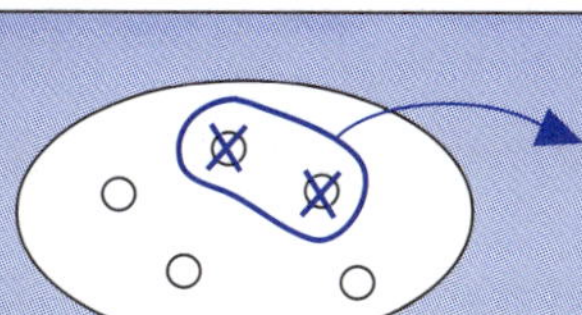

– 2 } **retirer 2**
moins 2 { – 2

Nom .... Date ....

Tu recherches combien il reste.

Tu indiques la quantité retirée pour avoir le nombre indiqué.

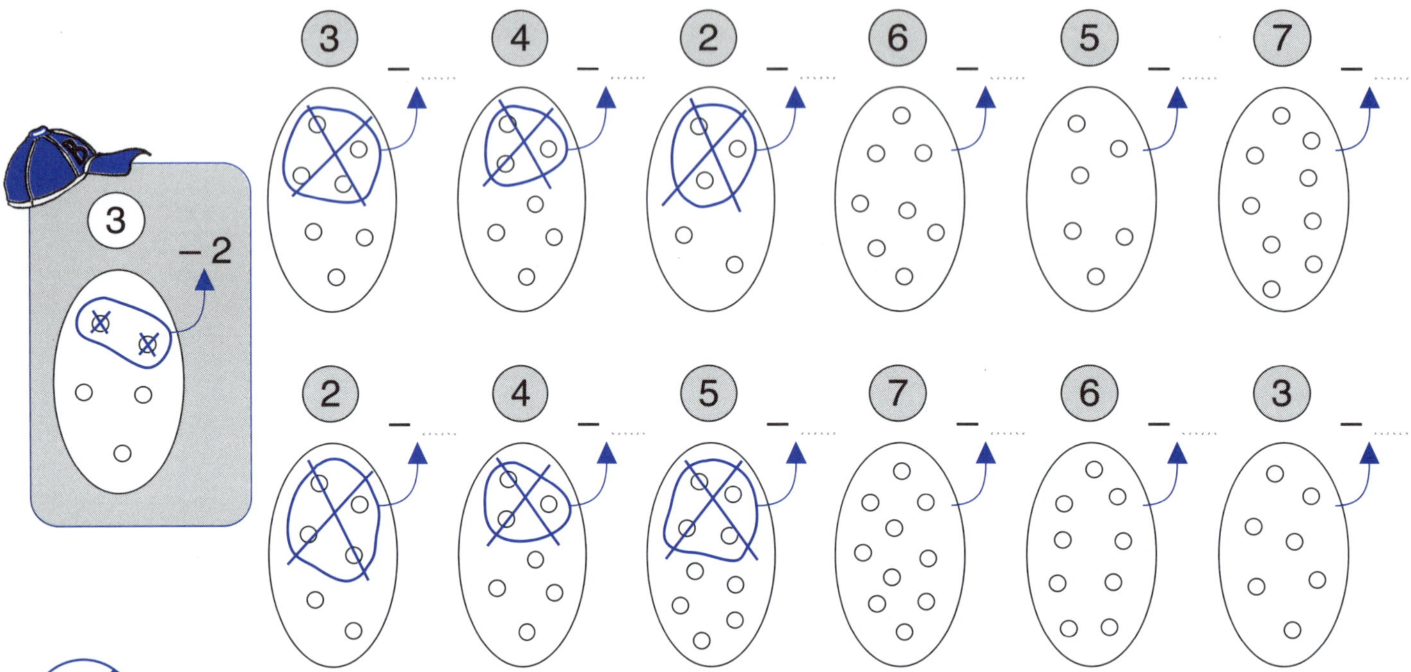

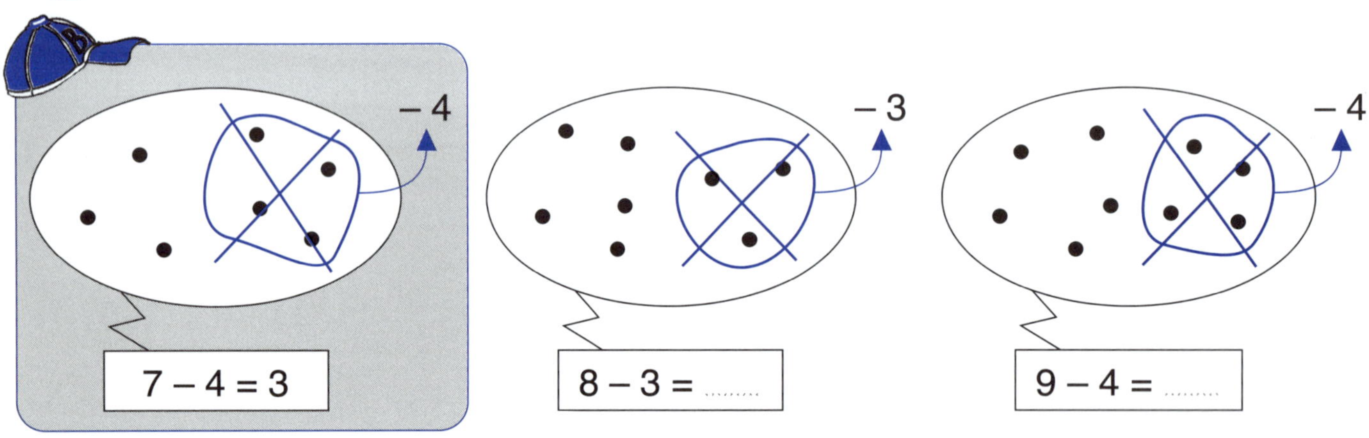

7 – 4 = 3 | 8 – 3 = ... | 9 – 4 = ...

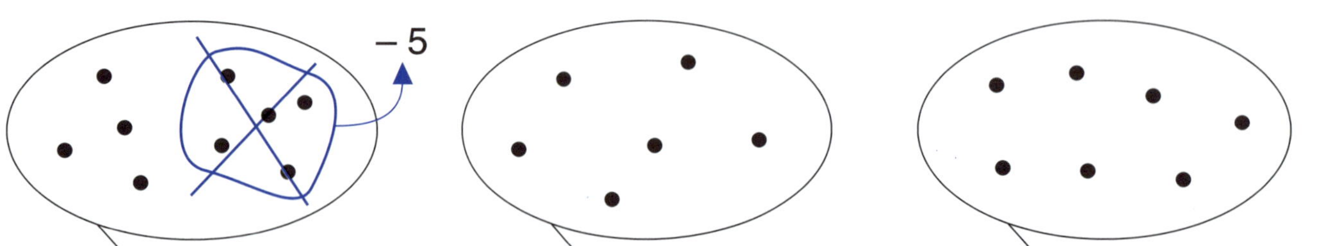

9 – 5 = ... | 6 – 4 = ... | 7 – 5 = ...

Nom .... Date ....

BILAN module 10

1	2	3
Non encore réussi	Partiellement réussi	Totalement réussi

1. Tu complètes la table d'addition.

+	1	2	3	4	5
3					
4					
5					

Additionner jusque 10

REMARQUE

2. Tu complètes et tu écris les nombres jusque 10.

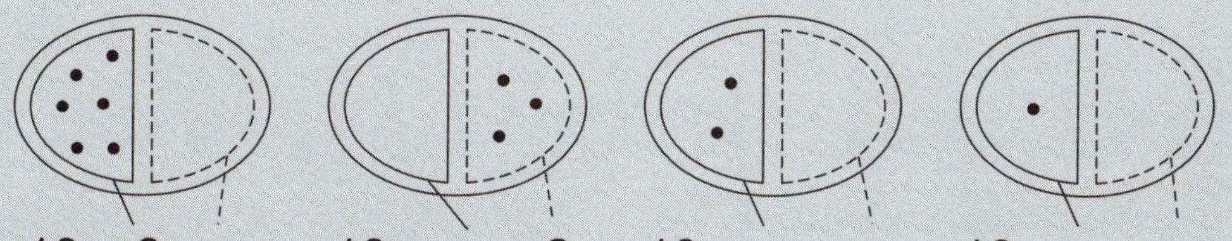

10 = 6 + ... 10 = ... + 3 10 = ... + ... 10 = ... + ...

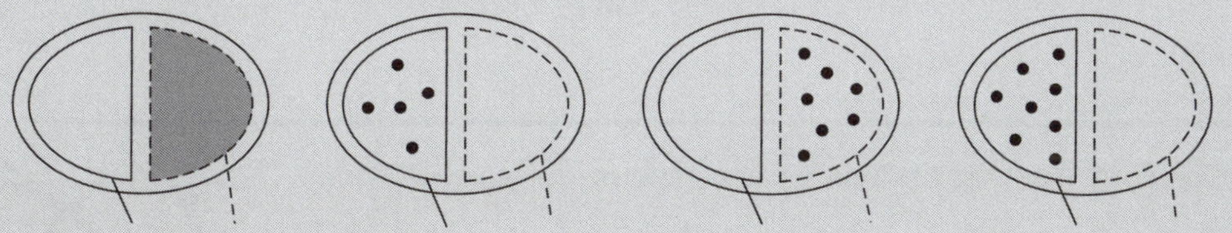

10 = ... + ... 10 = ... + ... 10 = ... + ... 10 = ... + ...

Additionner jusque 10

REMARQUE

3. Tu écris les nombres jusque 20.

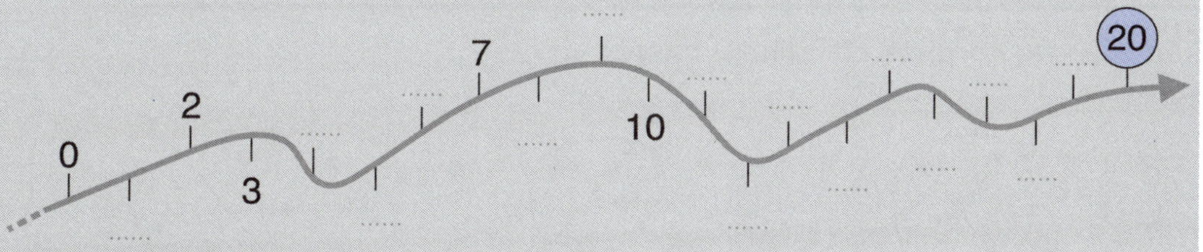

Étendre la suite des nombres jusque 20

REMARQUE

Nom .... Date ....

1	2	3
Non encore réussi	Partiellement réussi	Totalement réussi

Composer les nombres supérieurs à 10

REMARQUE

BILAN module 10

1. Tu regroupes par 10.

......

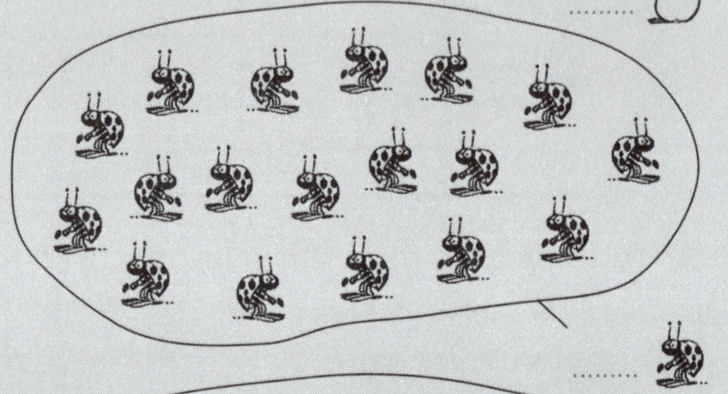

......

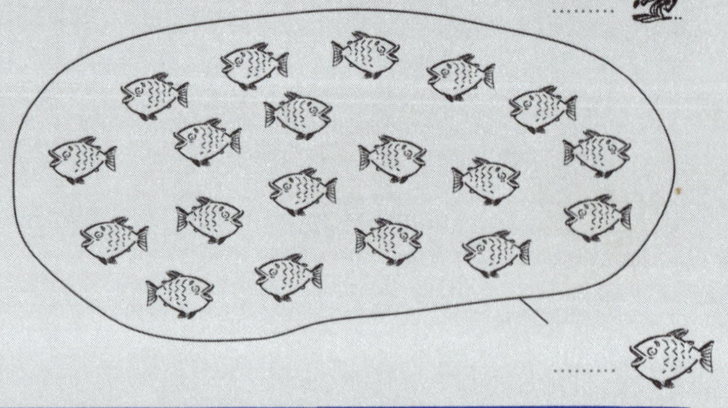

......

Soustraire

REMARQUE

2. Tu entoures et barres les objets qui sont en trop.

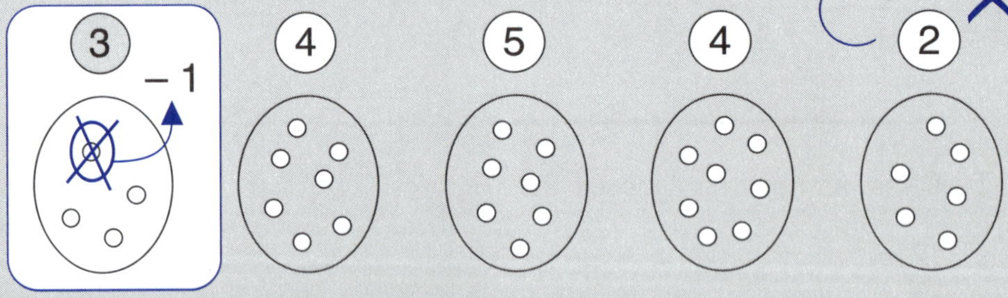

Soustraire

REMARQUE

3. Tu recherches combien il reste.

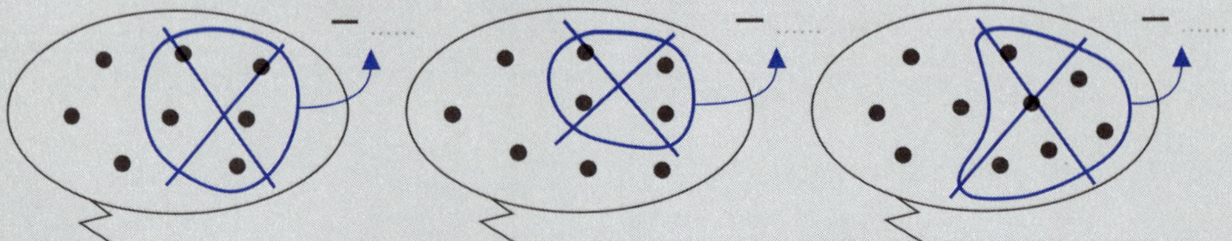

8 – 5 = ...

9 – ...... = ...

10 – ...... = ...

Nom .... Date ....

Tu traces une croix sur l'intrus.

Nom .... Date ....

Tu indiques combien il reste.

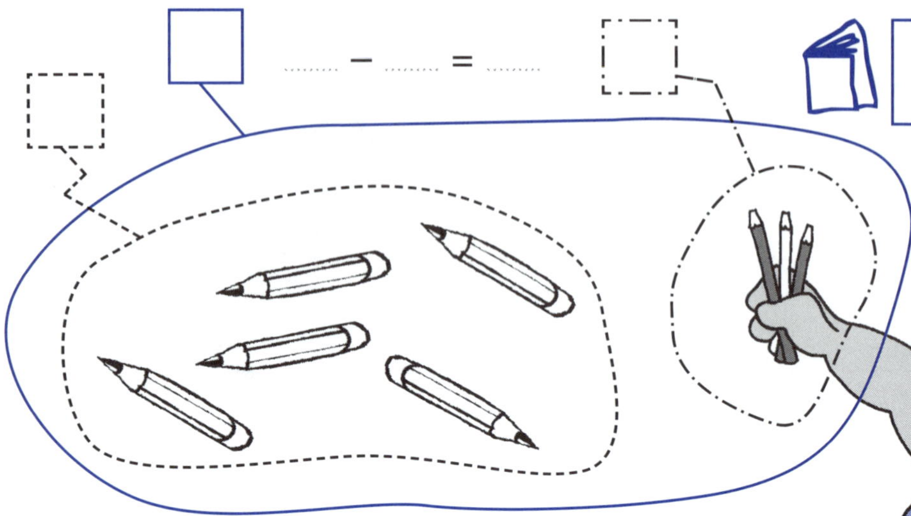

.... – .... = ...

Basile retire les crayons à tailler.
Combien de crayons reste-t-il?

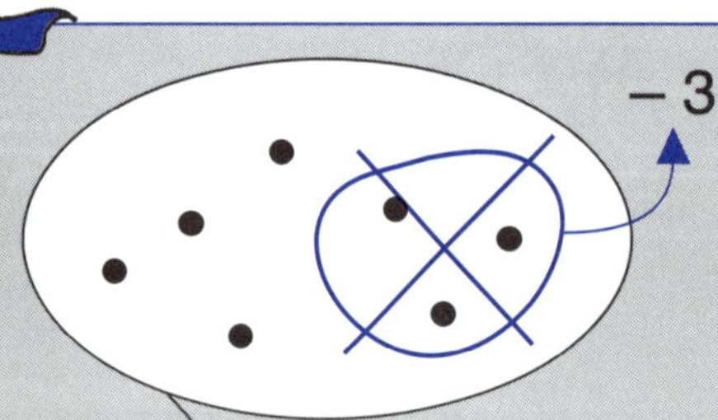

7 – 3 = 4

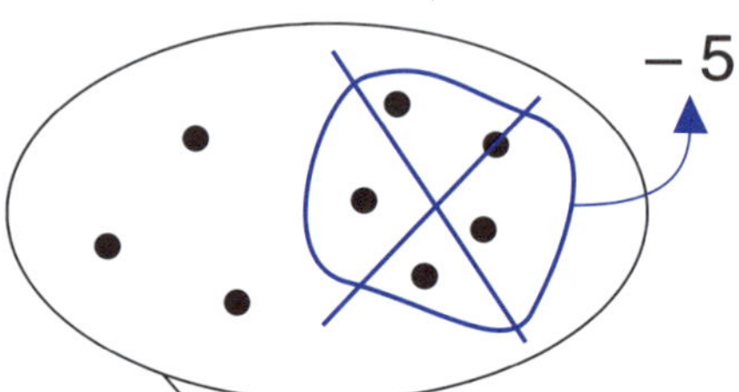

8 – 5 = ...

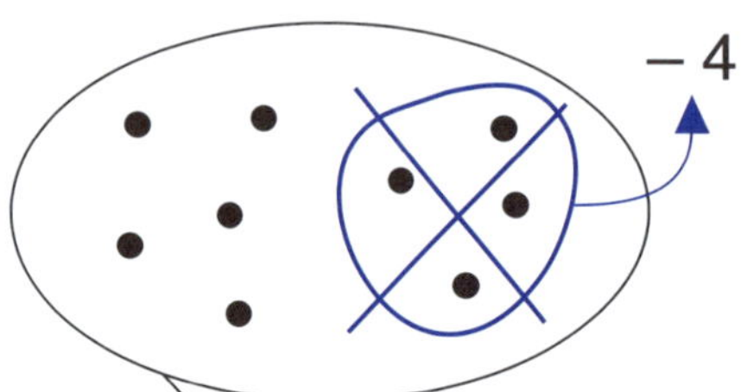

9 – 4 = ...

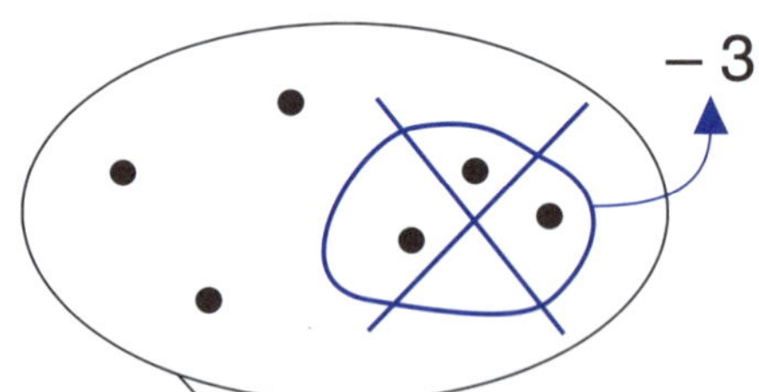

6 – 3 = ...

Lorsque tu as réalisé ces opérations, tu les effectues à nouveau avec ta calculatrice.

Tu peux changer la place des nombres autour du signe –.

V	F

Nom .... Date ....

2 Tu indiques combien il reste.

5 − 3 = **2**

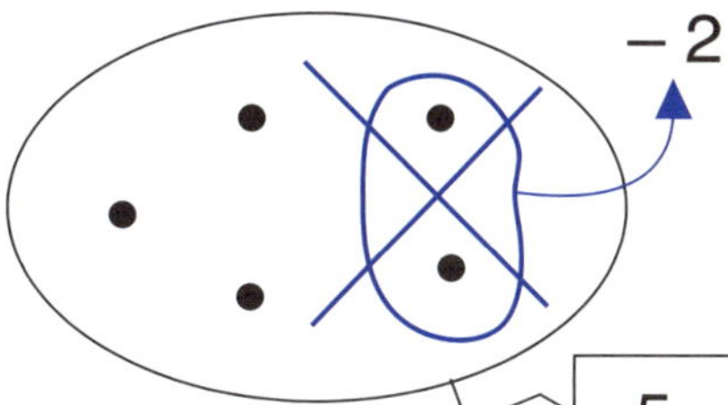

5 − .... = ...

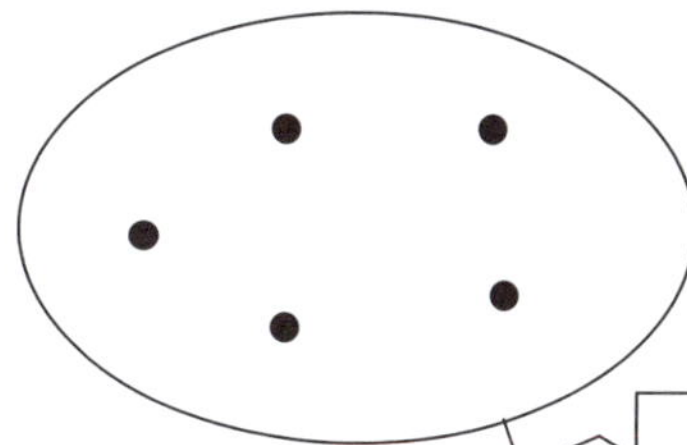

5 − 1 = ...

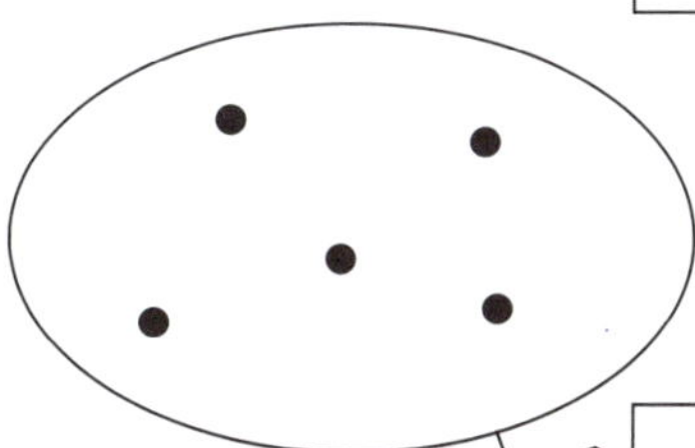

5 − 4 = ...

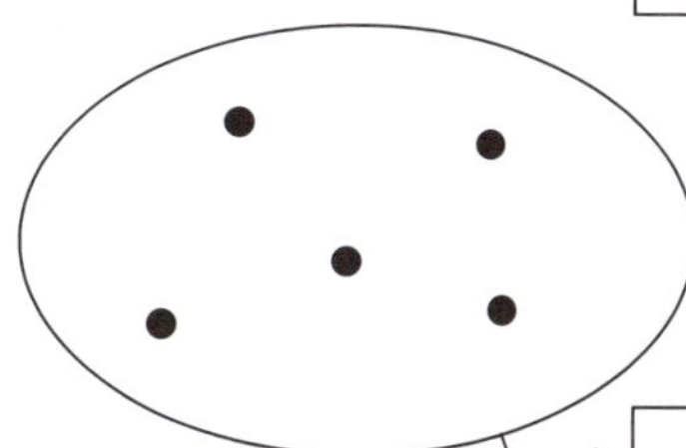

5 − 5 = ...

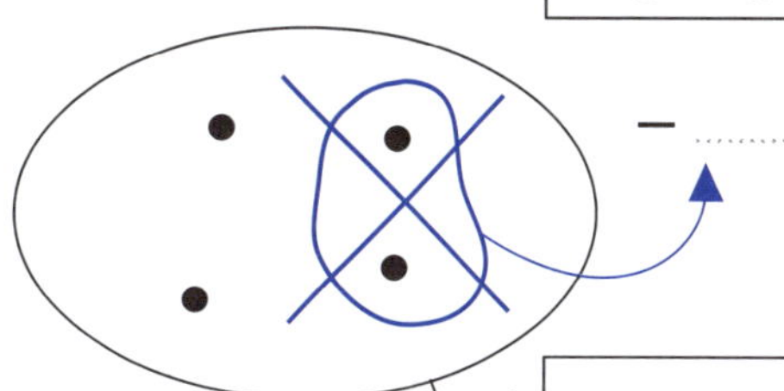

4 − 3 = ...

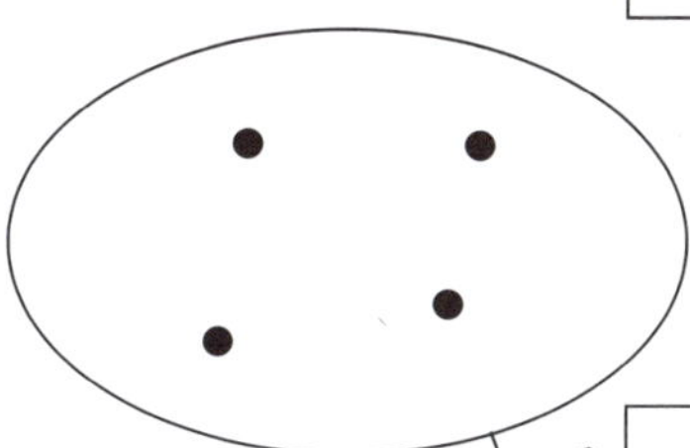

.... − .... = ...

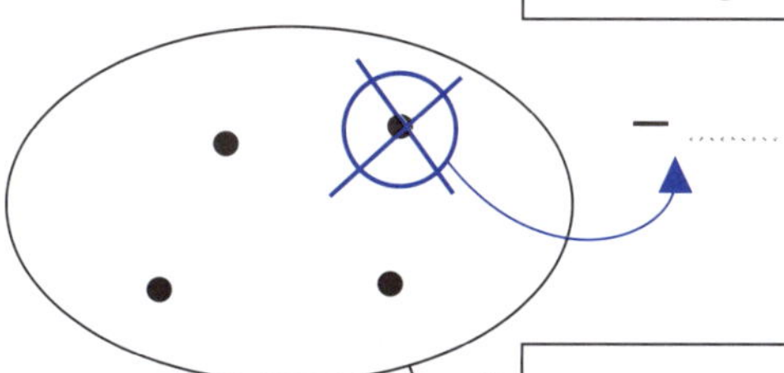

.... − .... = ...

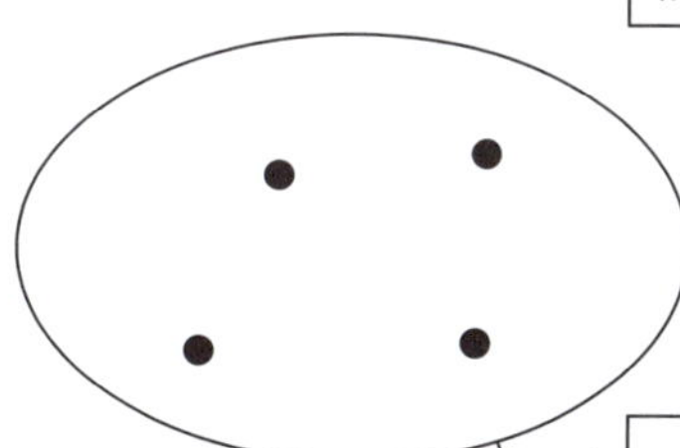

4 − 4 = ...

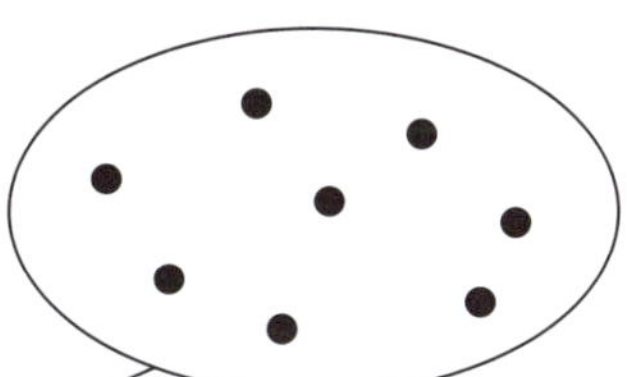

8 − 4 = ...

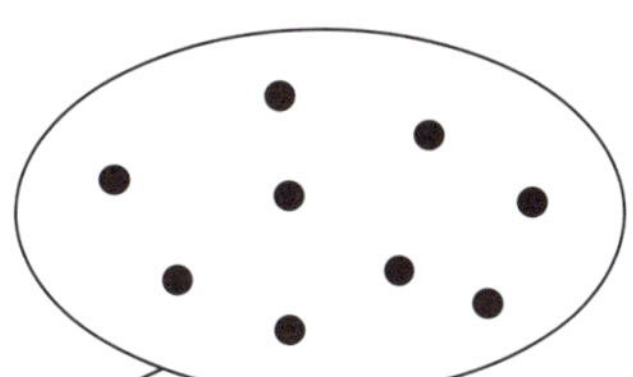

9 − 2 = ...

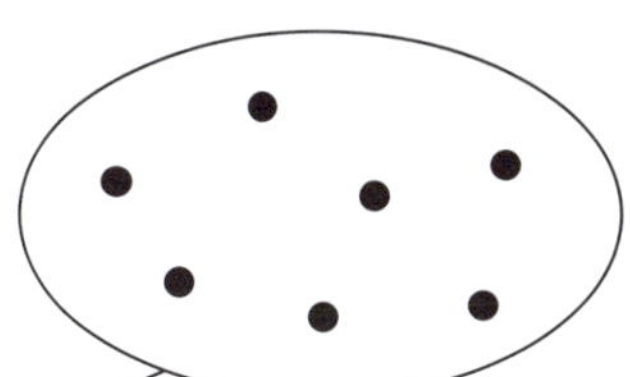

7 − 6 = ...

Nom .... Date ....

Tu indiques combien il reste.

2

−3

$6 - 3 = \mathbf{3}$

$6 - 5 =$ ....

$6 - 4 =$ ....

$6 - 2 =$ ....

$6 - 1 =$ ....

$6 - 6 =$ ....

−3

$7 - 3 =$ ....

$7 - 1 =$ ....

$7 - 4 =$ ....

$7 - 5 =$ ....

$7 - 6 =$ ....

$7 - 7 =$ ....

Tu inventes 2 soustractions différentes.

.... − .... = ...

.... − .... = ...

Nom .... Date ....

2 Tu indiques la nouvelle place de Basile.

Basile n'est pas en forme.
Il perd des points !

Basile a perdu 5 points sur son avance ! Que lui reste-t-il ?

– 5

6 – 5 = ...

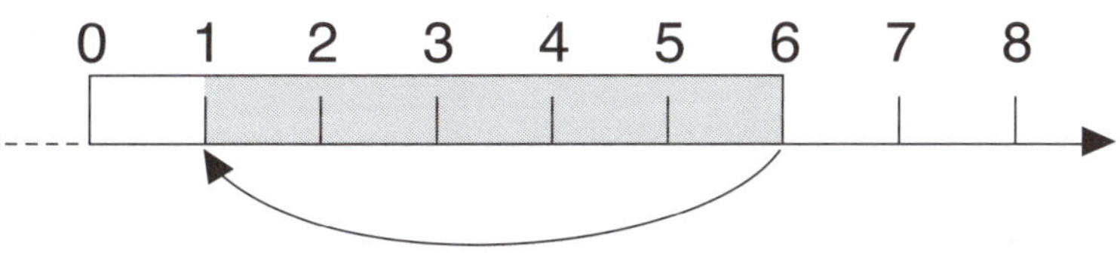

8 – 4 = ...

Basile a perdu 4 points sur son avance ! Que lui reste-t-il ?

– 4

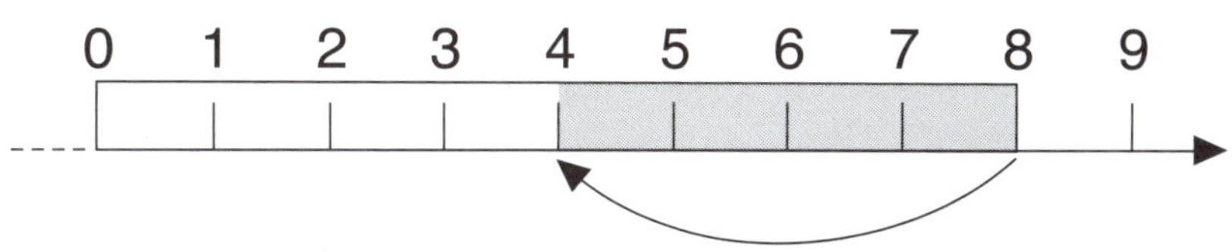

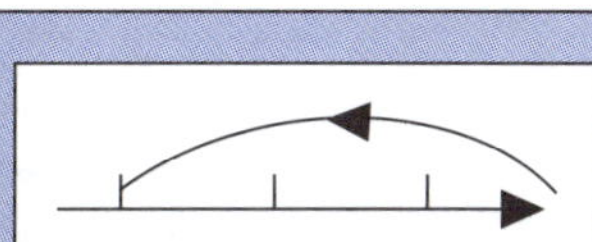

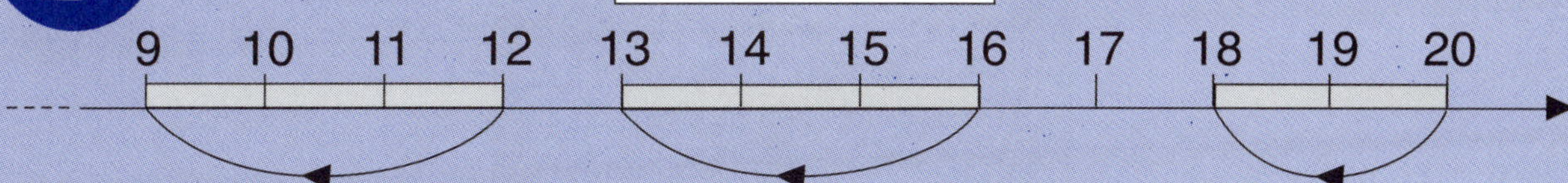

12 – 3 = ... 16 – 3 = ... 20 – 2 = ...

Nom .... Date ....

Reculer ou soustraire

Tu t'entraînes. 2

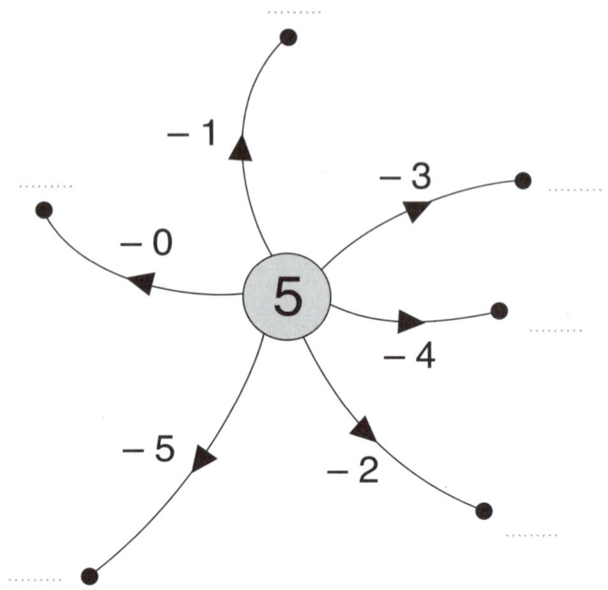

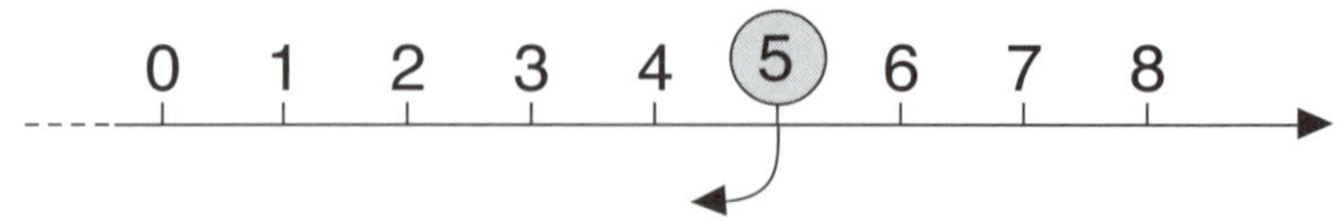

5 – 0 = ...
5 – 1 = ...
5 – 2 = ...
5 – 3 = ...
5 – 4 = ...
5 – 5 = ...

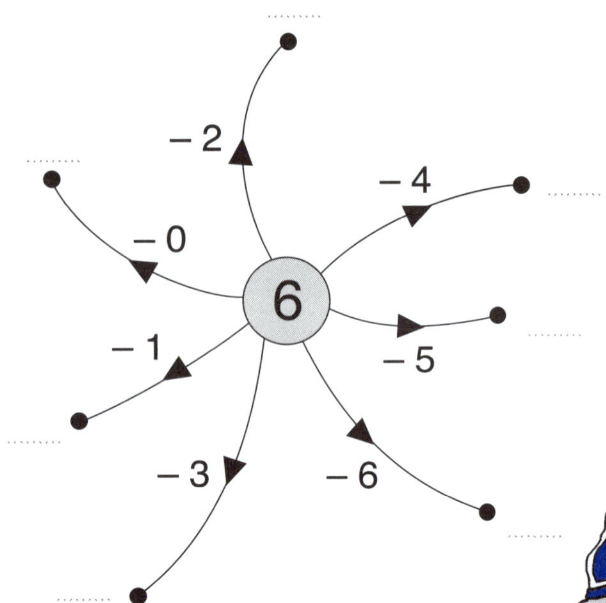

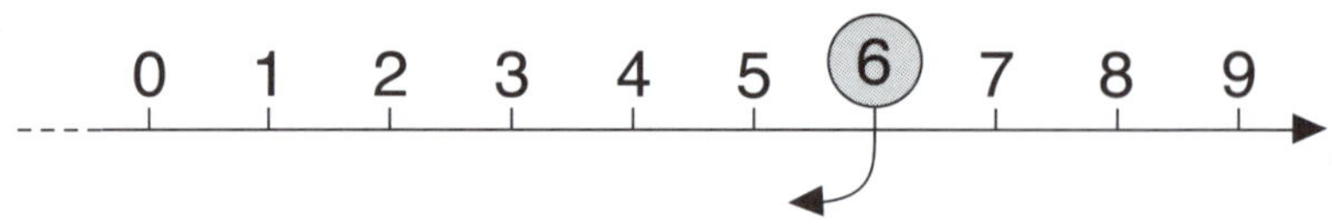

6 – 0 = ...
6 – 1 = ...
6 – 2 = ...
6 – 3 = ...
6 – 4 = ...
6 – 5 = ...
6 – 6 = ...

Nom .... Date ....

2 Tu t'entraînes.

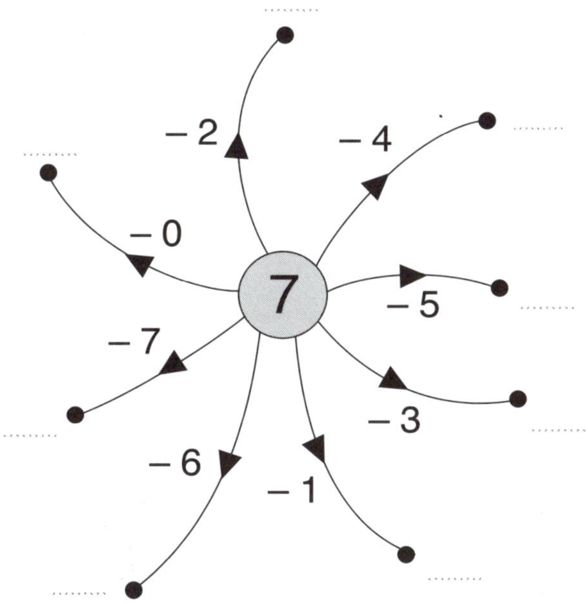

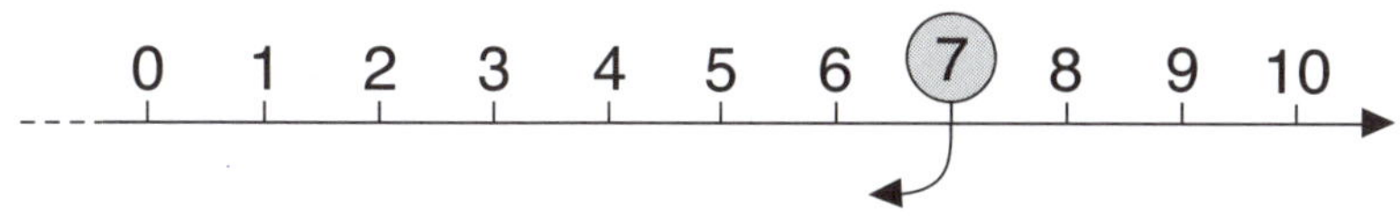

7 – 0 = ...
7 – 1 = ...
7 – 2 = ...
7 – 3 = ...
7 – 4 = ...
7 – 5 = ...
7 – 6 = ...
7 – 7 = ...

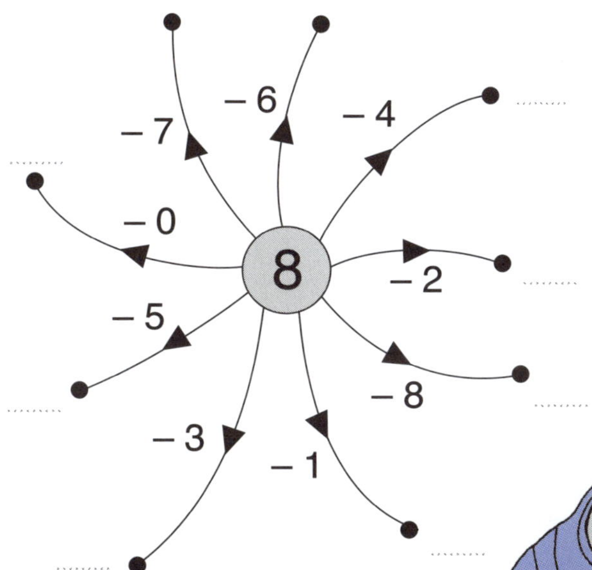

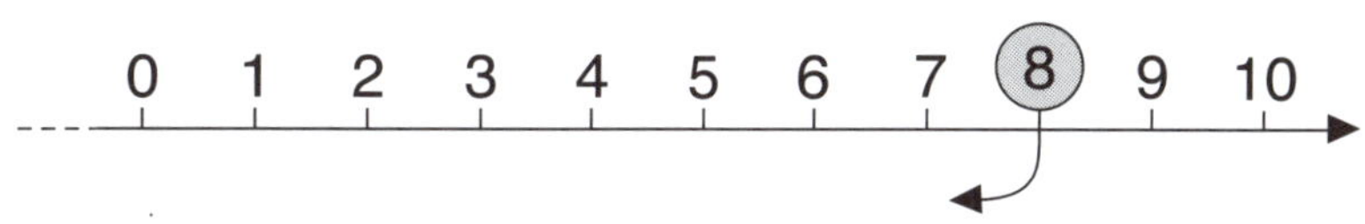

8 – 0 = ...
8 – 1 = ...
8 – 2 = ...
8 – 3 = ...
8 – 4 = ...
8 – 5 = ...
8 – 6 = ...
8 – 7 = ...
8 – 8 = ...

Nom .... Date ....

Tu compares et tu complètes.

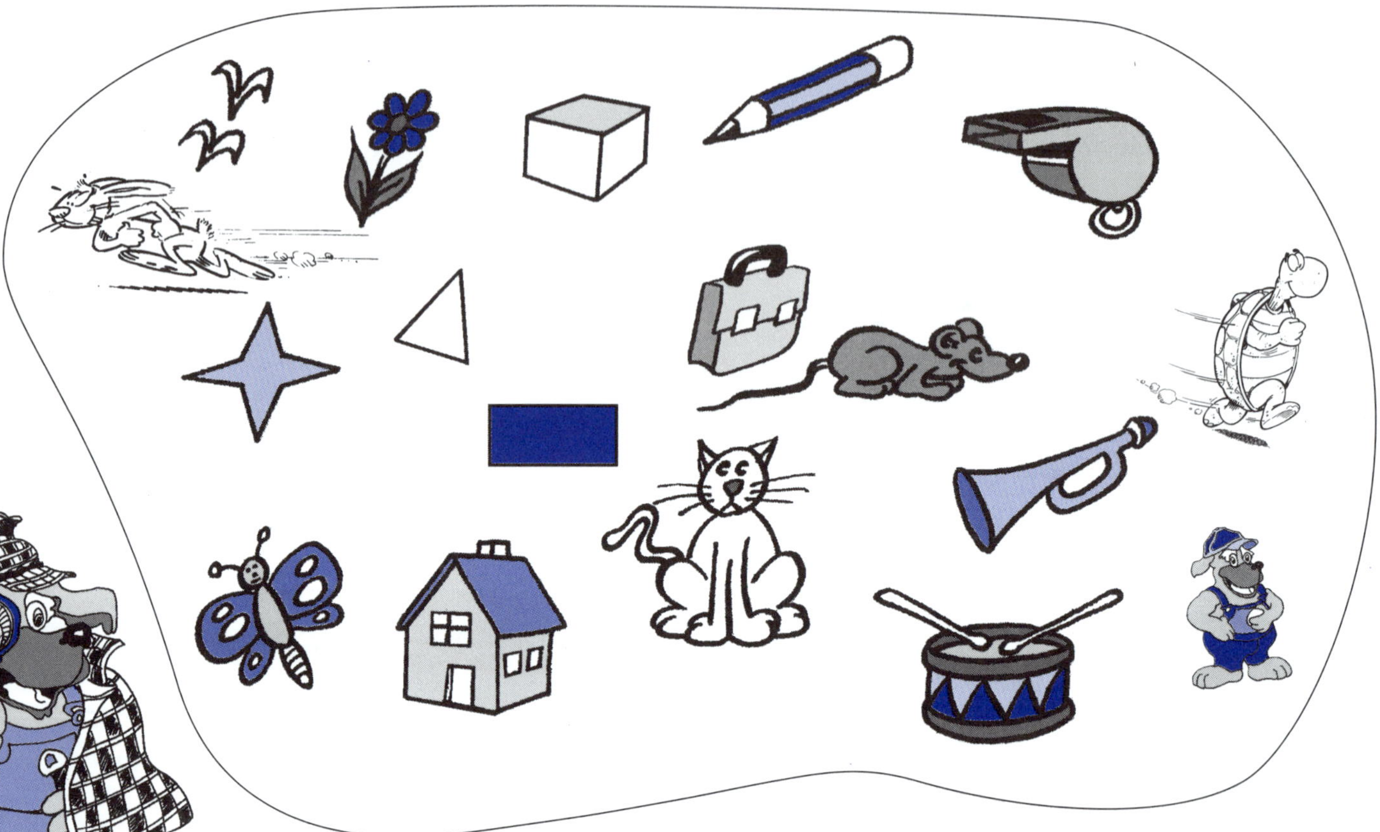

Nom .... Date ....

Tu relies.

Basile s'est perdu! Repasse en rouge un trajet possible, allant de Basile au sapin.

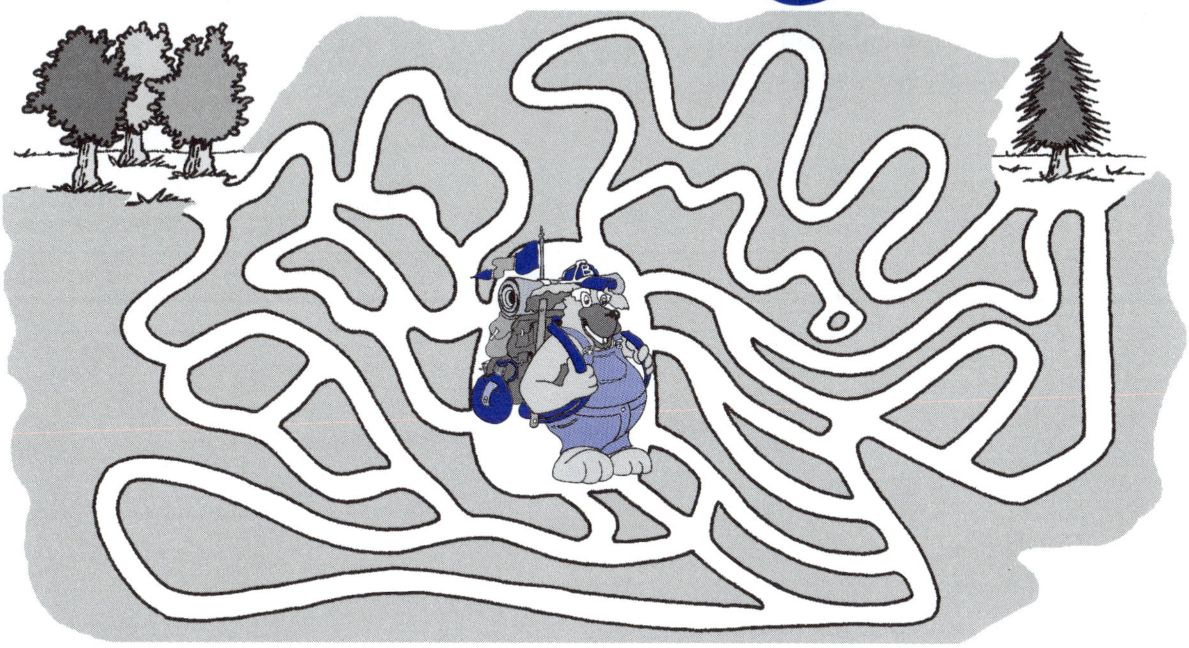

Le bus passe avant chaque arrêt avant d'arriver à la gare; repasse son trajet en rouge.

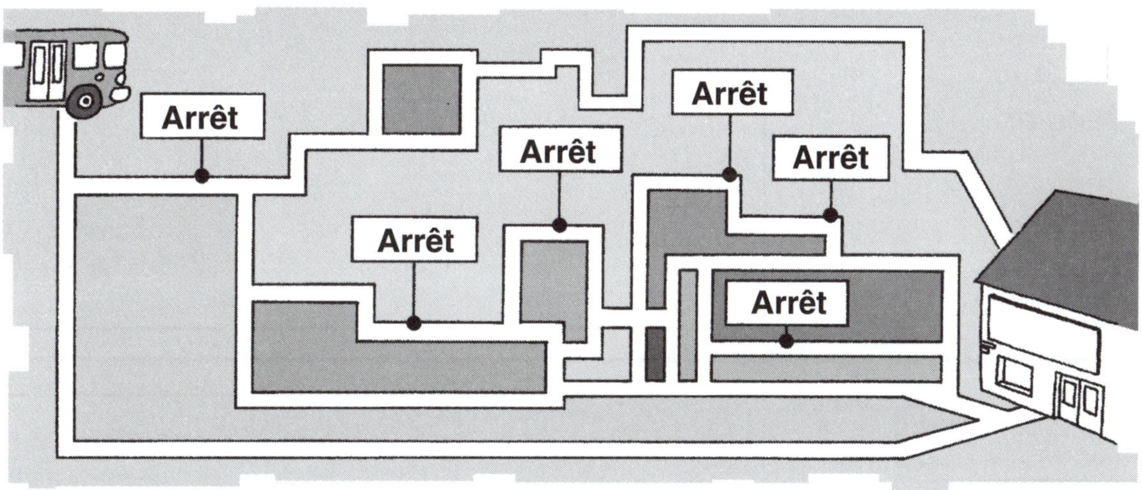

Continue le trait bleu en changeant sa direction à chaque point.

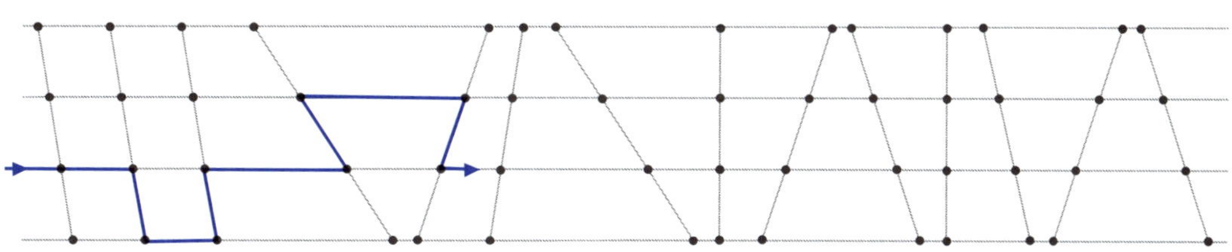

Nom .... Date ....

Module 11

Fiche 40

Inventer une histoire

Tu inventes et tu dessines l'histoire qui raconte le calcul.

ajouter 3 + 2 = 5	→	
retirer 6 – 1 = 5	→	
reculer 7 – 2 = 5	→	
réunir 3 + 4 = 7	→	

Tu compares tes histoires avec celles de tes amies et amis.

Nom .... Date ....

BILAN module 11

1	2	3
Non encore réussi	Partiellement réussi	Totalement réussi

1. Tu traces une croix sur les intrus.

Chasser les intrus		

REMARQUE

2. Tu indiques combien il reste.

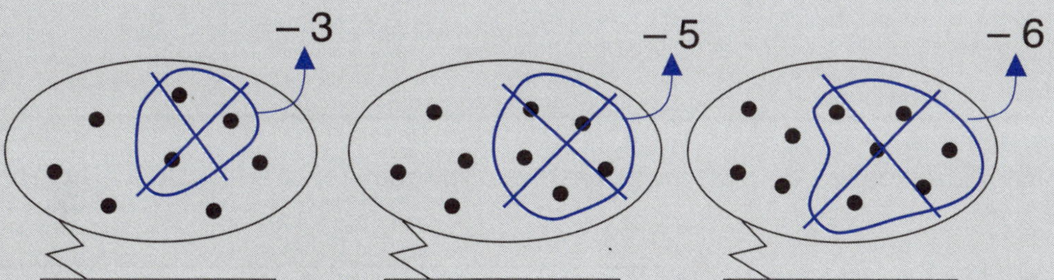

8 – 3 = ... 9 – 5 = ... 10 – 6 = ...

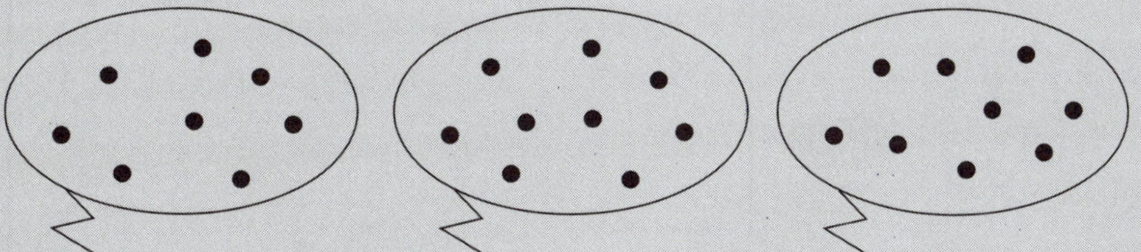

8 – 5 = ... 9 – 3 = ... 9 – 6 = ...

Soustraire		

REMARQUE

Nom .... Date ....

BILAN module 11

1	2	3
Non encore réussi	Partiellement réussi	Totalement réussi

Soustraire

REMARQUE

1. Tu inventes 3 soustractions différentes.

.... – .... = ...

.... – .... = ...

.... – .... = ...

Reculer

REMARQUE

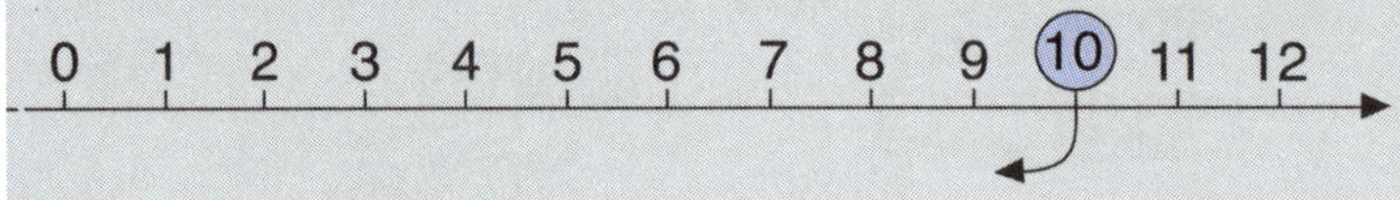

10 – 6 = ...

10 – 7 = ...

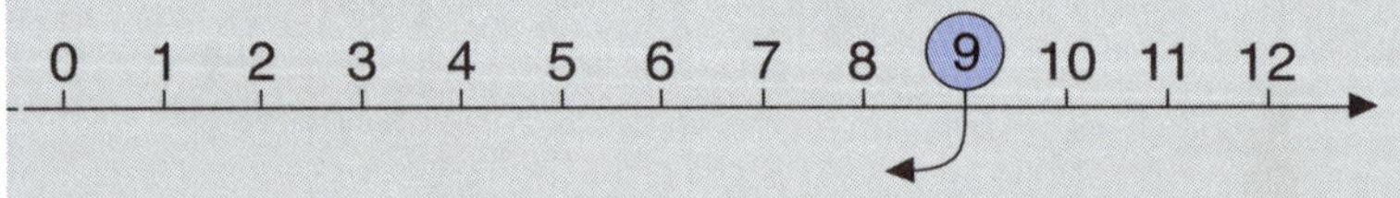

9 – 3 = ...

9 – 5 = ...

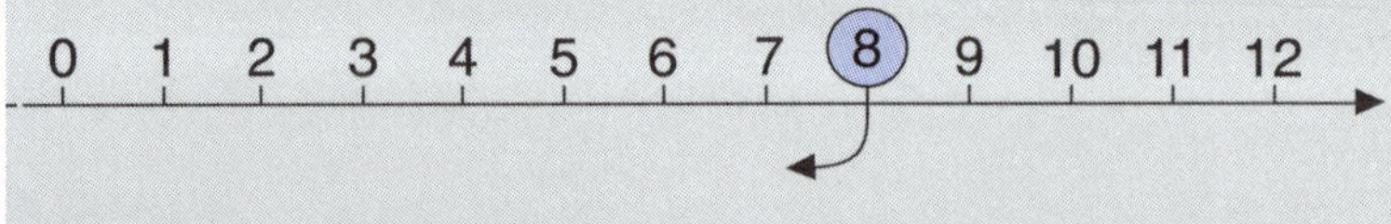

8 – 6 = ...

8 – 4 = ...

Inventer une histoire

REMARQUE

3. Tu inventes et dessines l'histoire qui représente le calcul.

retirer

3 – 2 = 1

Nom .... Date ....

2 Tu aides Basile à réaliser une enquête dans ta classe.

Comment arrivez-vous chaque matin à l'école?

	prénoms des élèves	nombre d'élèves
à vélo 		
en voiture 		
en bus 		
en tram 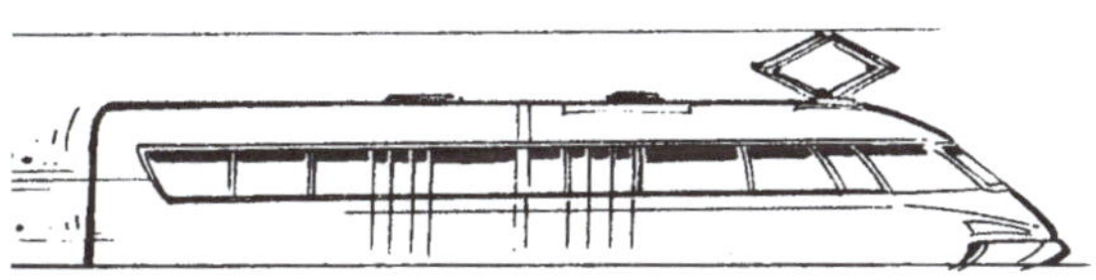		
à trottinette 		
à pied 		

Nom .... Date ....

Présenter des données dans un graphique

Tu colories le nombre de cases qui correspond au nombre d'élèves.

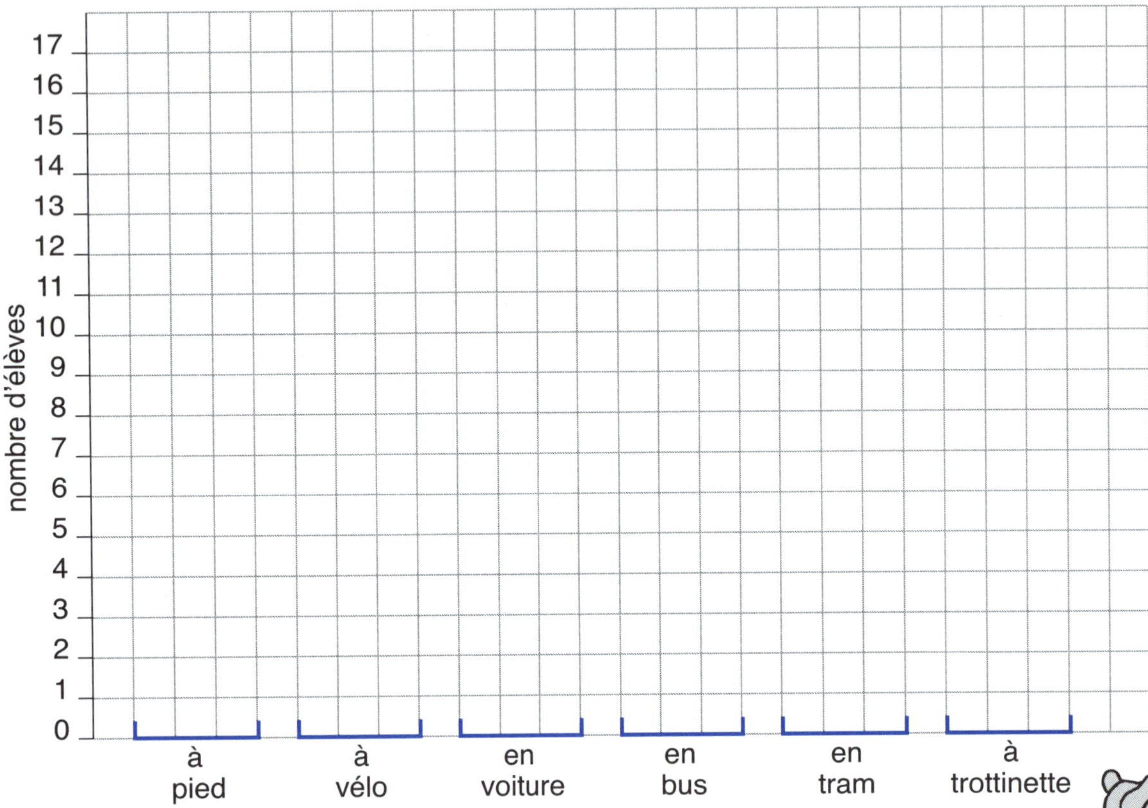

Quel est le moyen de locomotion le plus utilisé et le moins utilisé dans ta classe ?

	à pied	à vélo	en voiture	en bus	en tram	à trottinette
le plus utilisé						
le moins utilisé						

À votre avis, qu'est-ce qui justifie cette situation ?

Nom .... Date ....

2 Tu recherches la place de 12.

Les joueurs sont rangés dans l'ordre ; complète leur dossard.

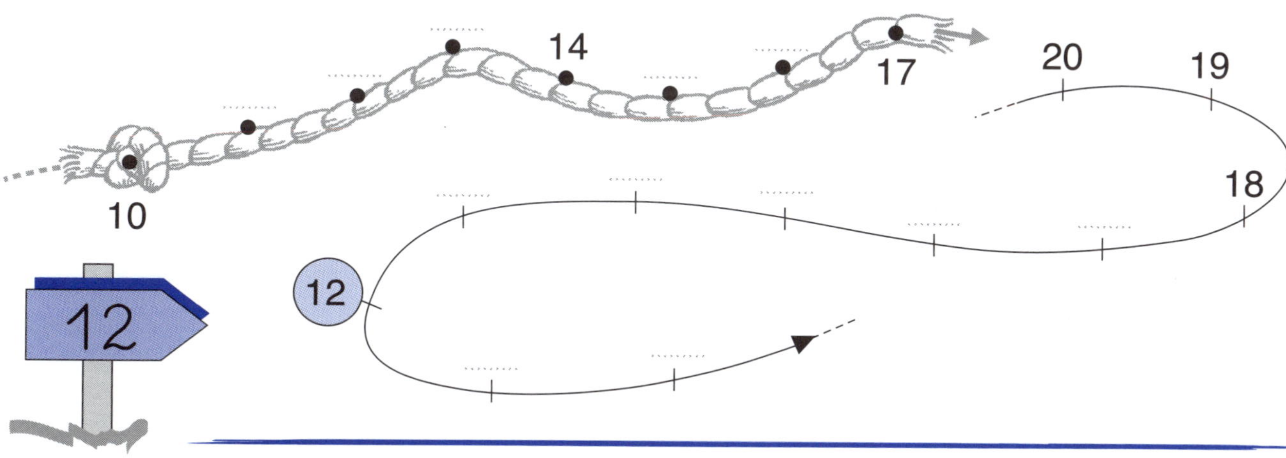

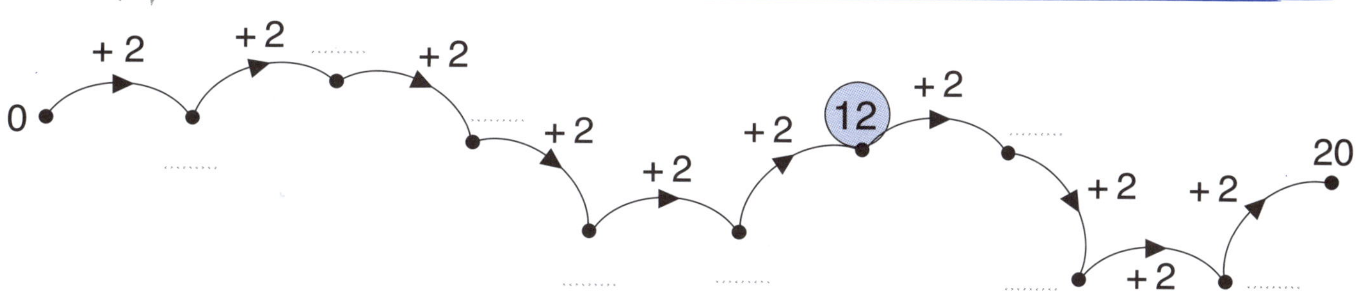

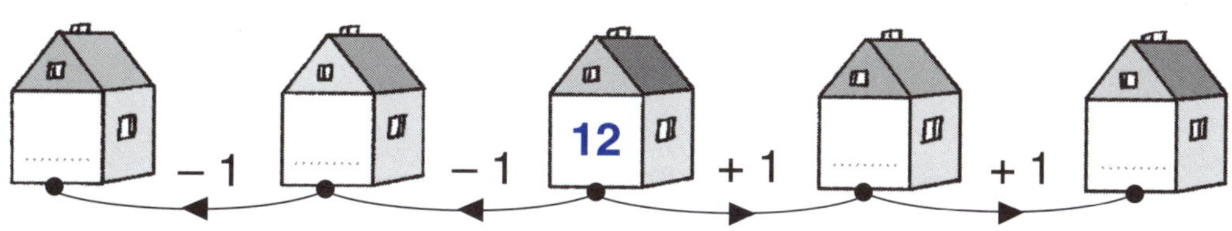

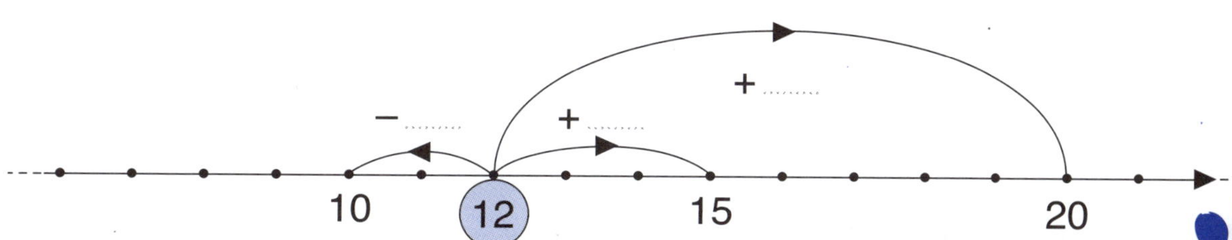

Décomposer additivement le nombre 12

Tu manipules avec ton matériel. Les parts ne sont **pas équivalentes**.

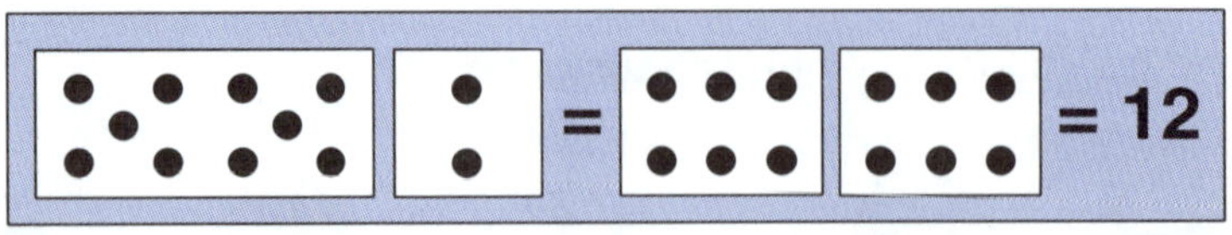

Je dessine	Je calcule
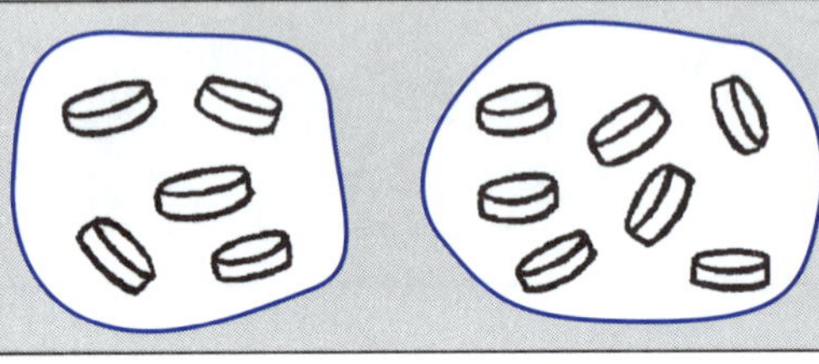	12 = 5 + 7 12 = 7 + 5 5 + 7 = 12
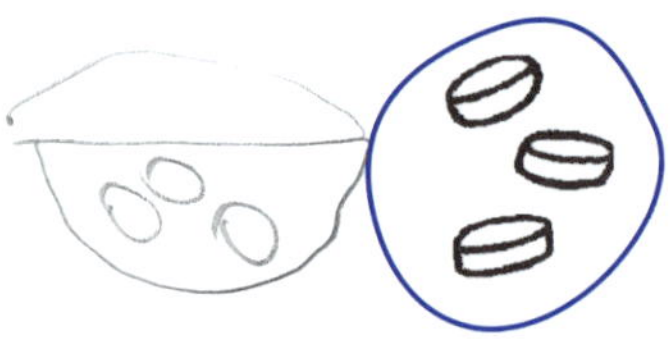	12 = 3 + ... 3 + ... = 12 .... + 3 = 12
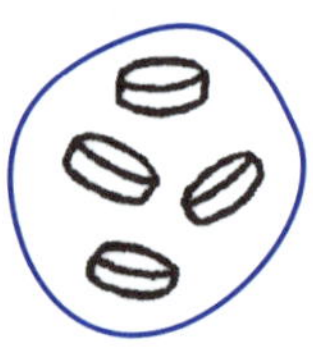	12 = ... + 4 .... + 4 = 12 4 + ... = 12
	.... + ... = 12 .... + ... = 12 12 = ... + ...
	.... + ... = 12 .... + ... = 12 12 = ... + ...
	12 = ... + ... + ... = 12 12 = ... + ...
	.... + ... = 12 .... + ... = 12 12 = ... + ...

Nom .... Date ....

Tu ne prends que la moitié.

la demi de... → $\frac{1}{2}$
la moitié de... → $\frac{1}{2}$

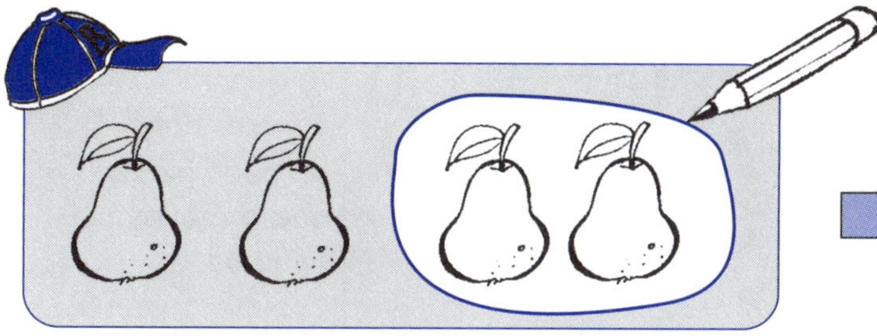

→ $\frac{1}{2}$ de 4 = ...

→ $\frac{1}{2}$ de .... = ...

→ $\frac{1}{2}$ de .... = ...

→ $\frac{1}{2}$ de .... = ...

→ $\frac{1}{2}$ de .... = ...

→ $\frac{1}{2}$ de .... = ...

→ $\frac{1}{2}$ de .... = ...

Nom .... Date ....

Réaliser des regroupements par 5

Tu aides Basile à placer 5 personnes par voiture.

6 personnes → un minibus de 5 + 1
(1 x 5) + 1

Basile organise le départ d'excursions. Il ne peut placer que 5 élèves par minibus. Comment va-t-il s'y prendre? Les élèves ne pouvant monter dans le (ou les) minibus monteront dans la voiture de Monsieur le Directeur.

Mardi

9 = (........ x 5) + ...

Mercredi

12 = (........ x 5) + ...

Jeudi

14 = (........ x 5) + ...

Nom .... Date ....

Tu regroupes par 5.

7 = (1 x 5) + 2

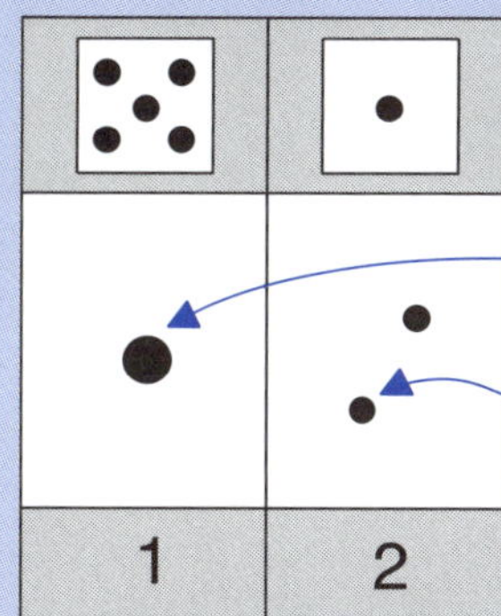

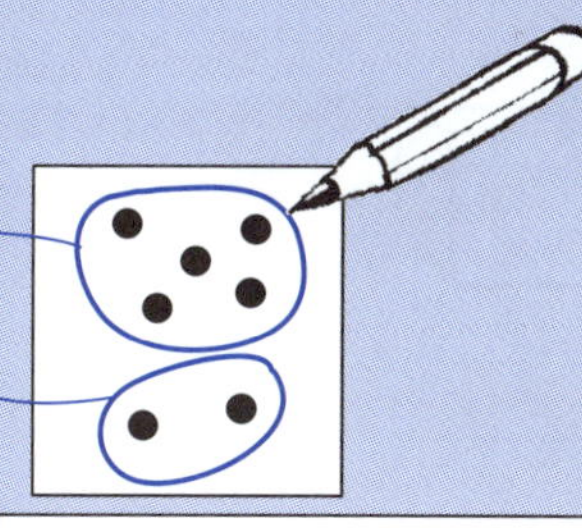

7 = (........ x ....) + 2

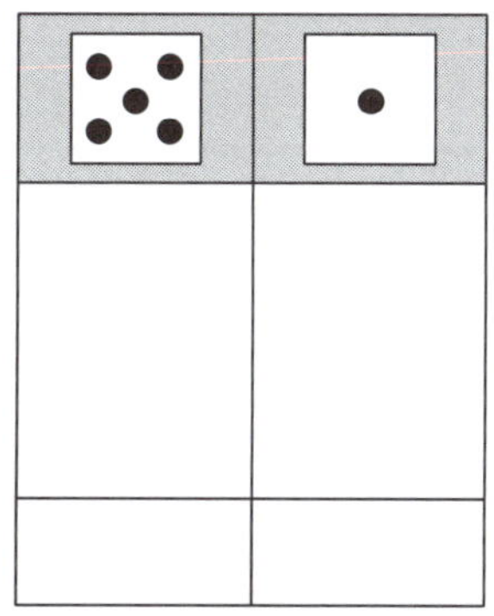

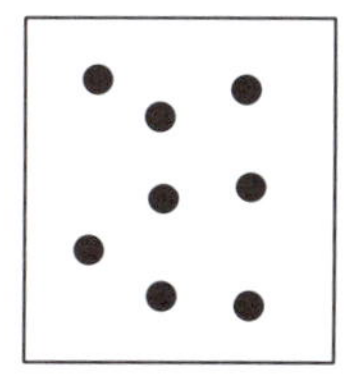

8 = (........ x 5) + ...

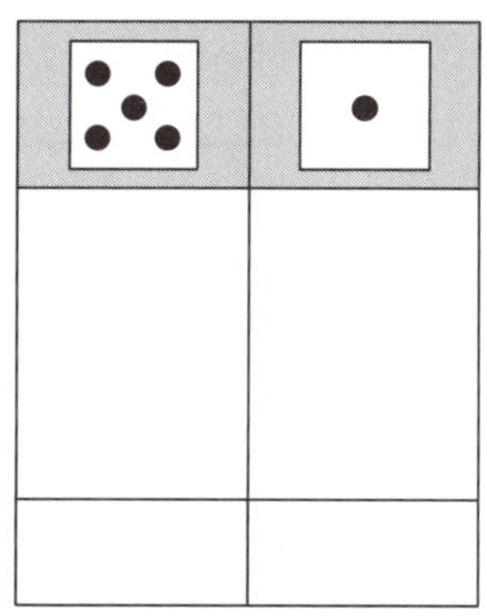

10 = (........ x 5) + ...

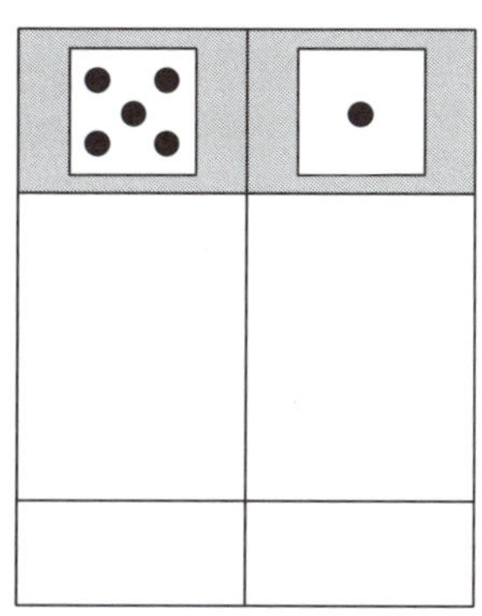

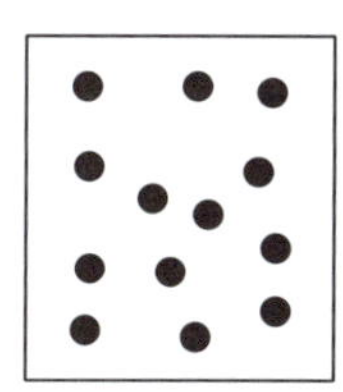

13 = (........ x 5) + ...

Nom .... Date ....

Utiliser la relation >, <, =

Tu compares et tu traces
<, > ou =.

<, =, >

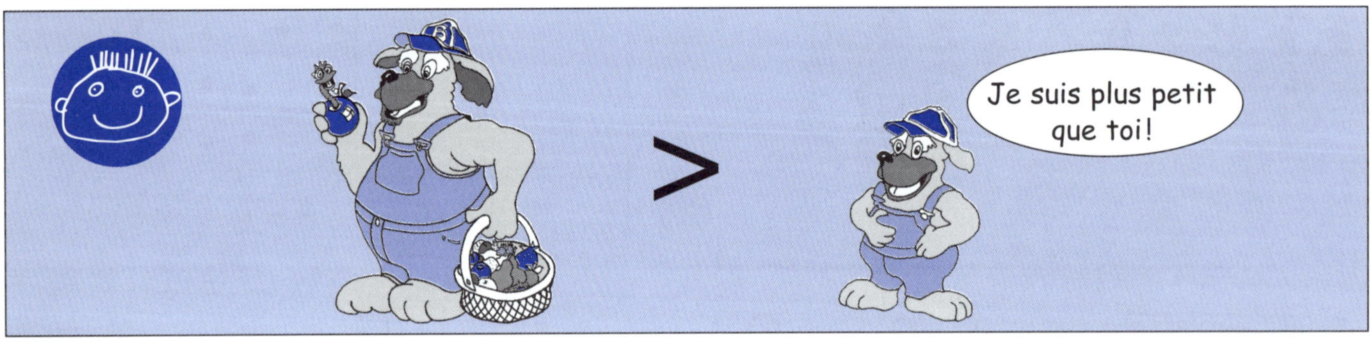

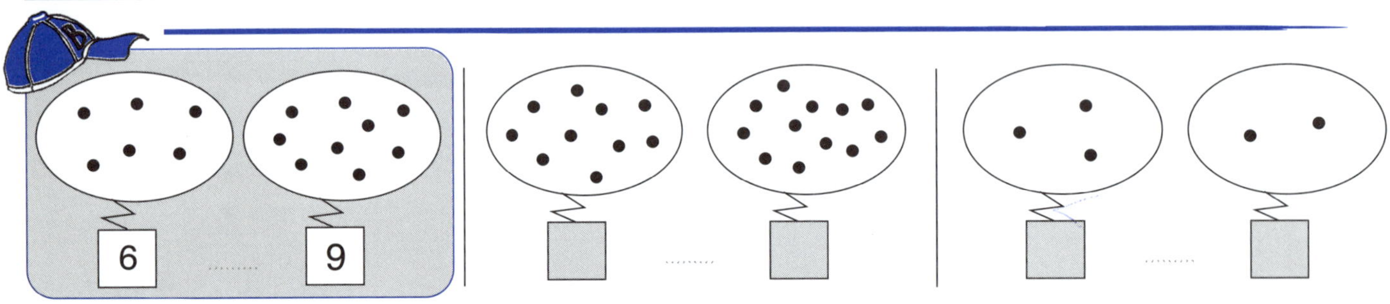

<, >, =		
2 + 6		3 + 4
10 + 2		4 + 4
5 + 3		10 – 3

<, >, =		
6 + 3		10 – 1
12 + 2		10 + 3
10 – 5		2 + 3

<, >, =		
7 + 3		10 – 2
5 + 4		6 + 4
12 + 1		10 + 3

Nom .... Date ....

Tu lis et respectes les consignes.

Tu colories la montgolfière qui se trouve **le plus haut** dans le ciel.

Tu colories en rouge la cigogne **la plus haut**-perchée, en vert **la moins haut**-perchée.

Tu colories en rouge les fruits qui sont **à l'intérieur** du panier, en vert ceux qui sont **à l'extérieur**.

Tu colories en rouge uniquement les canetons qui **suivent** la cane.

Nom .... Date ....

Tu lis et tu respectes la consigne.

Basile arrose toutes les fleurs. Il prend le chemin le plus court. Tu repasses son trajet en rouge.

La papillon rejoint la fleur en évitant les chasseurs. Tu repasses son trajet en bleu.

Nom .... Date ....

BILAN module 12

1	2	3
Non encore réussi	Partiellement réussi	Totalement réussi

Tu complètes.

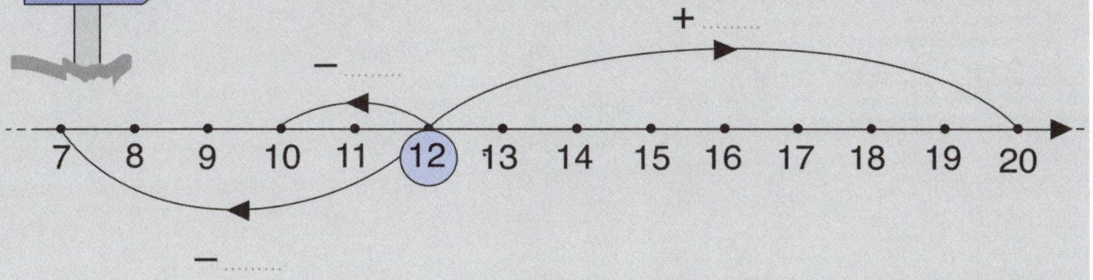

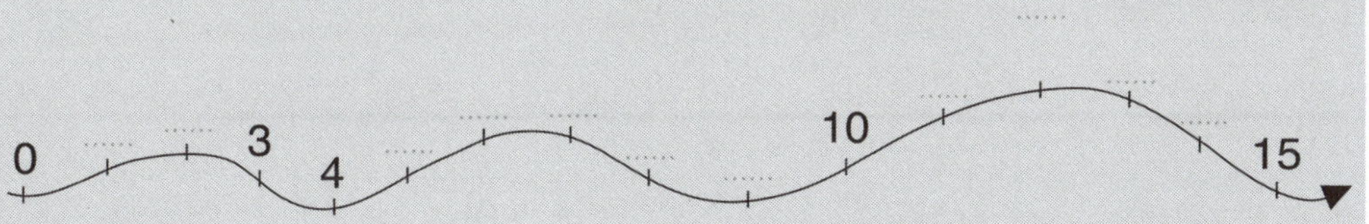

Ordonner autour du nombre 12

REMARQUE

12 = 5 + ... 4 + ... = 12 12 = ... + 7

12 = 2 + ... 10 + ... = 12 12 = ... + 3

12 = 11 + ... 6 + ... = 12 12 = ... + 1

Décomposer additivement le nombre 12

REMARQUE

$\frac{1}{2}$ de 2 = ... $\frac{1}{2}$ de 6 = ... $\frac{1}{2}$ de 10 = ...

$\frac{1}{2}$ de 8 = ... $\frac{1}{2}$ de 4 = ... $\frac{1}{2}$ de 12 = ...

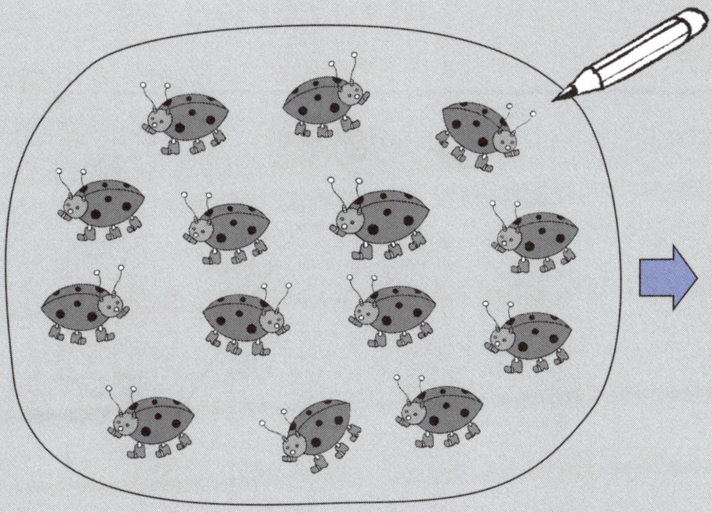

$\frac{1}{2}$ de .... = ...

Prendre la demi de

REMARQUE

Nom .... Date ....

BILAN module 12

1	2	3
Non encore réussi	Partiellement réussi	Totalement réussi

Réaliser des regroupements par 5

REMARQUE

1. Tu entoures, tu relies et tu complètes.

11 = (...... x 5) + ...

9 = (...... x 5) + ...

Utiliser le relation <, >, =

REMARQUE

2. Tu complètes par le signe adéquat.

	<, >, =			<, >, =			<, >, =	
.... 10 – 3		.... 3 + 4	.... 6 + 3		.... 5 + 4	.... 1 + 6		.... 7 + 2
.... 10 + 2		.... 12 – 2	.... 10 – 1		.... 8 + 2	.... 7 – 2		.... 6 – 1
.... 7 – 5		.... 4 – 3	.... 12 – 1		.... 10 + 1	.... 8 – 5		.... 4 – 2

Réaliser un trajet

REMARQUE

3. Tu continues le trait foncé en changeant sa direction à chaque point.

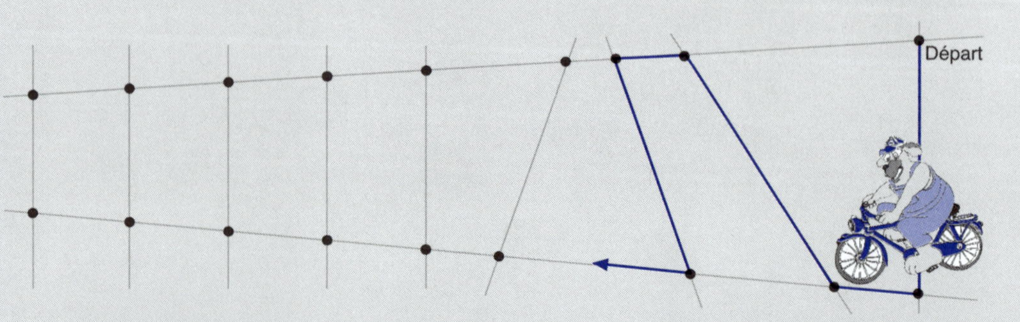

Nom .... Date ....

V ou F

Pour chacun des dessins, tu écris **V** (vrai) ou **F** (faux).

porte des lunettes

porte un cartable

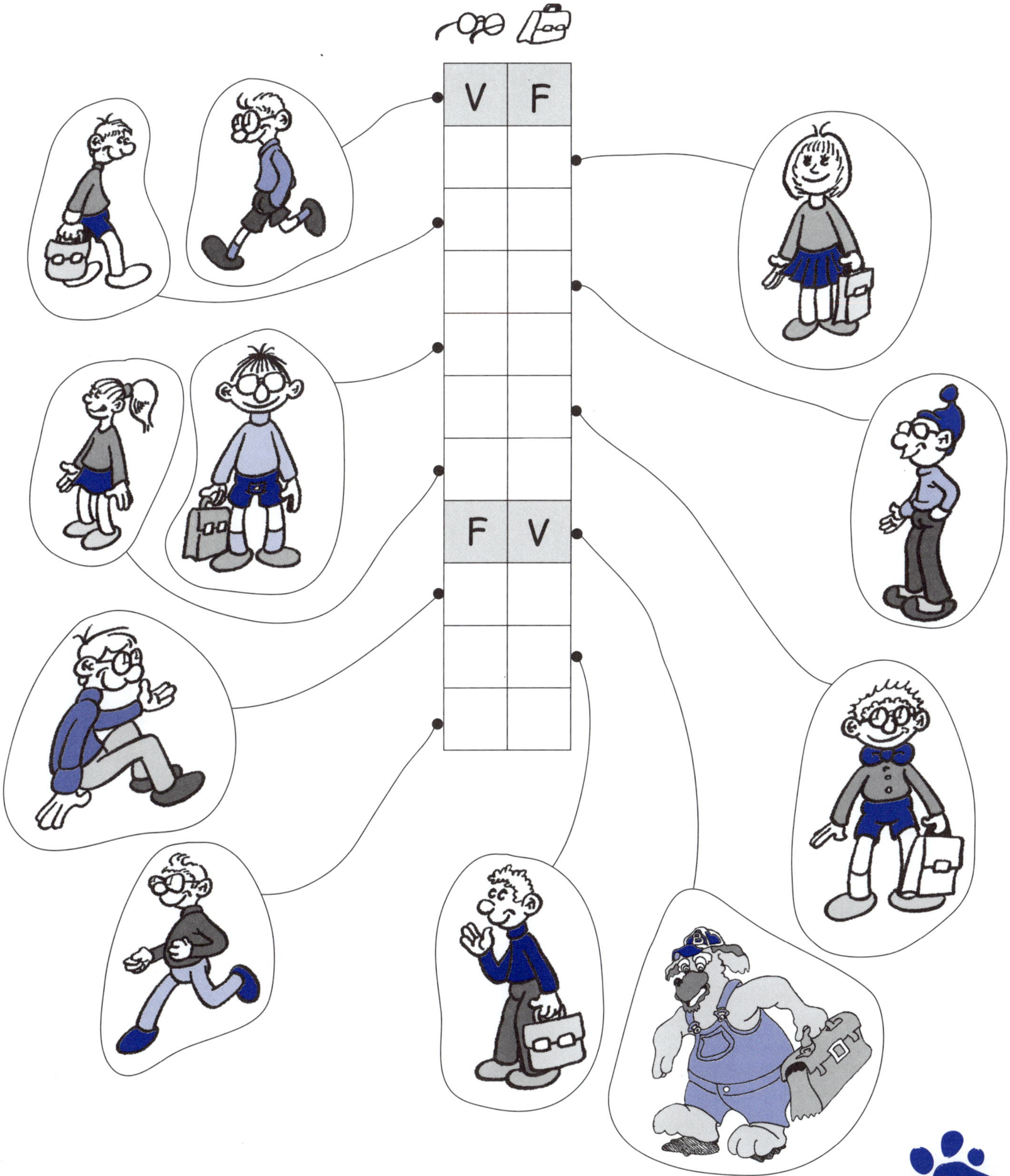

lunettes	cartable
V	F
F	V

Nom .... Date ....

Tu reproduis symétriquement les dessins.

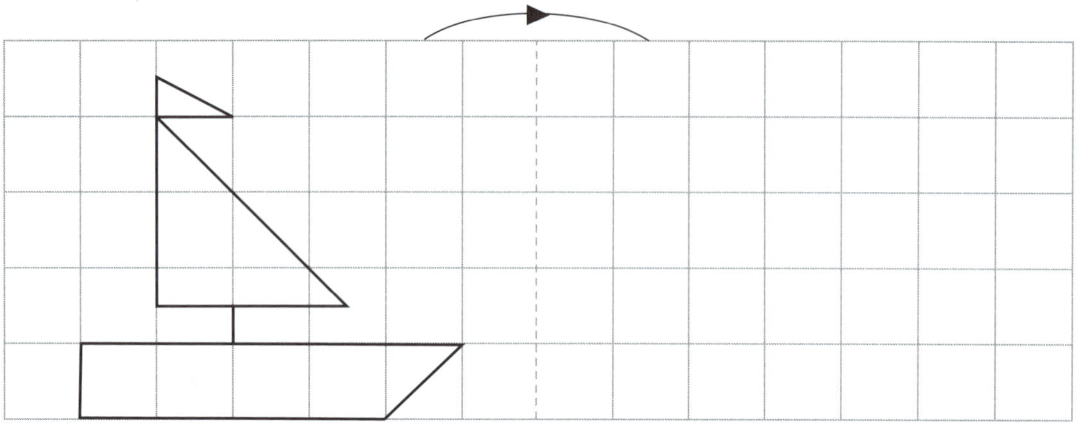

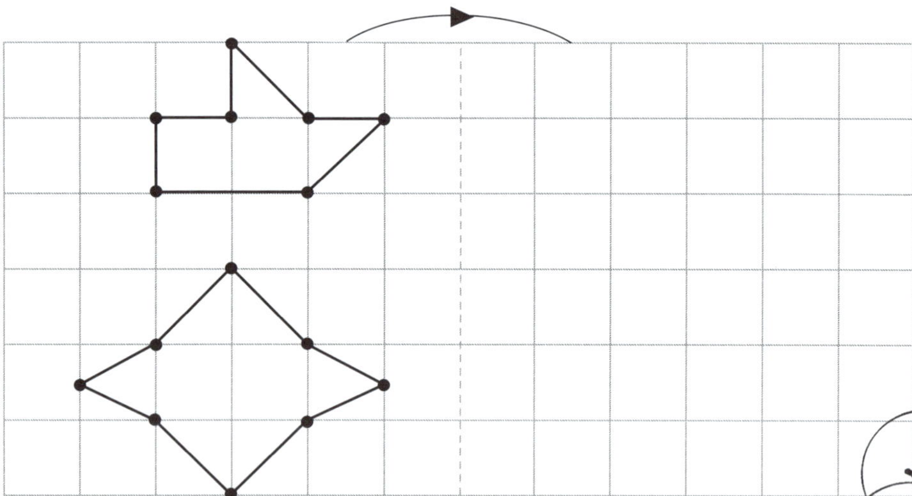

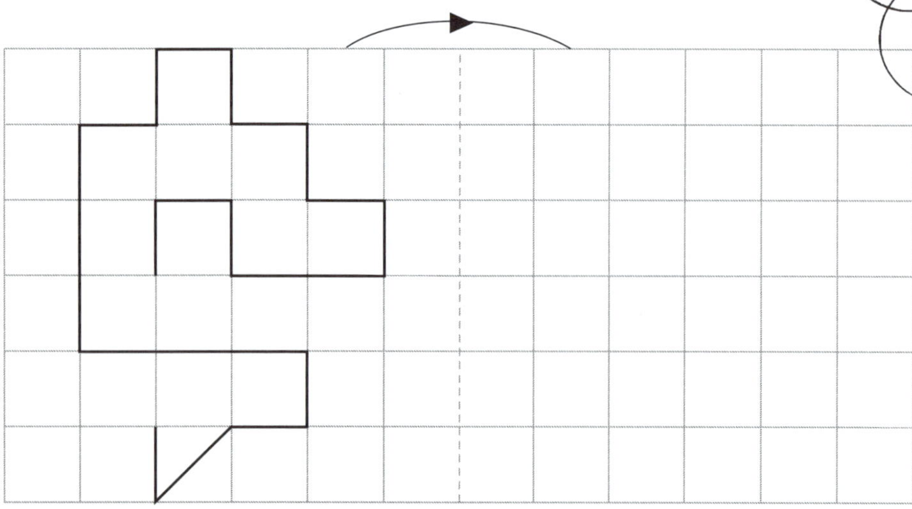

Nom .... Date ....

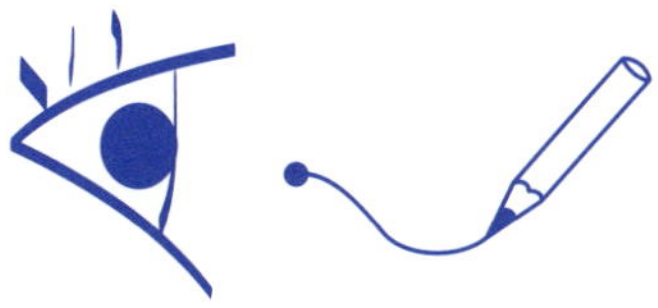

Tu relies chaque boîte à une de ses traces.

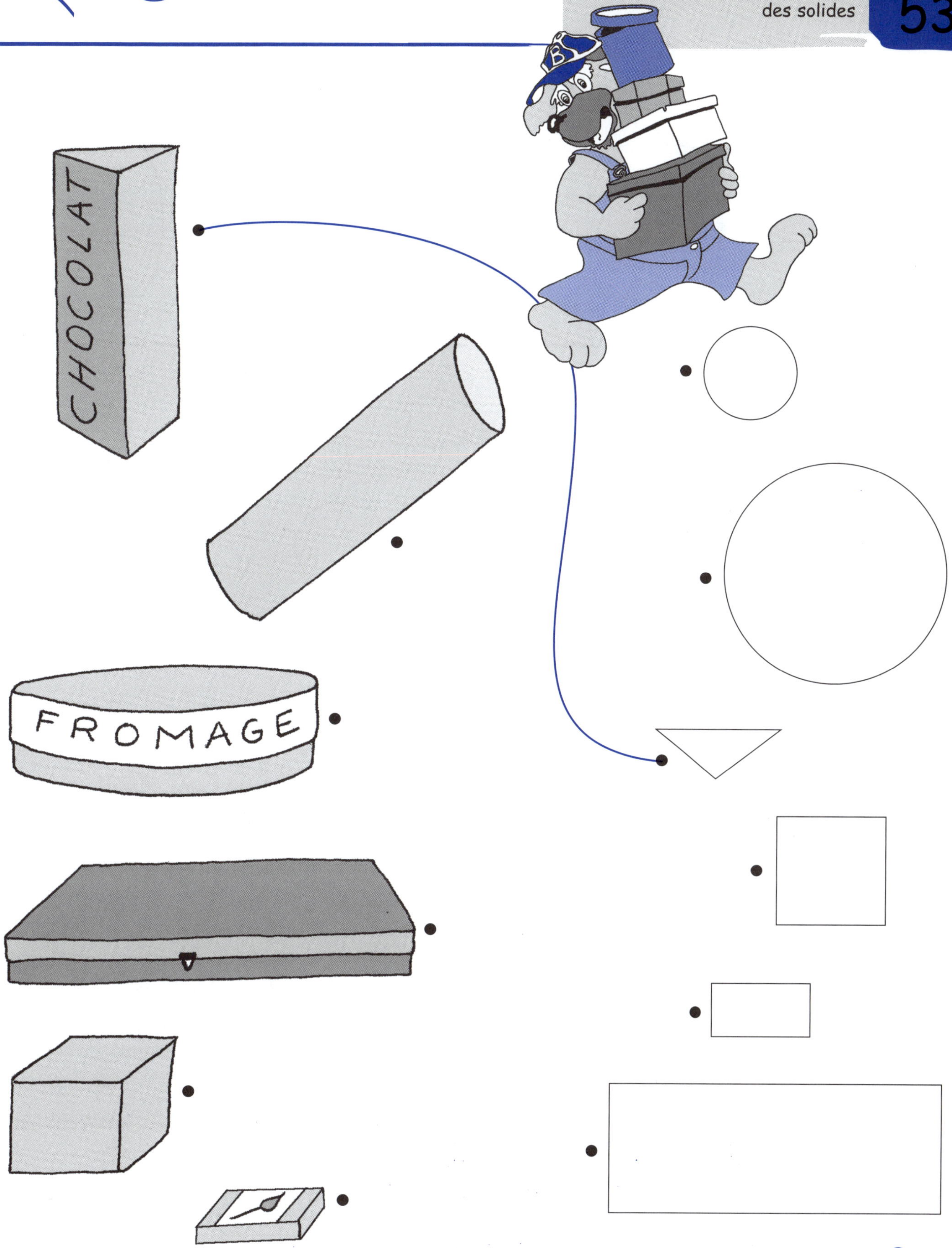

Nom .... Date ....

Module 13

Fiche 54

Évaluer et comparer les grandeurs

Tu réalises les consignes.

Tu colories le contenu du tonneau **le plus** rempli.

Tu entoures le flacon **le moins** rempli.

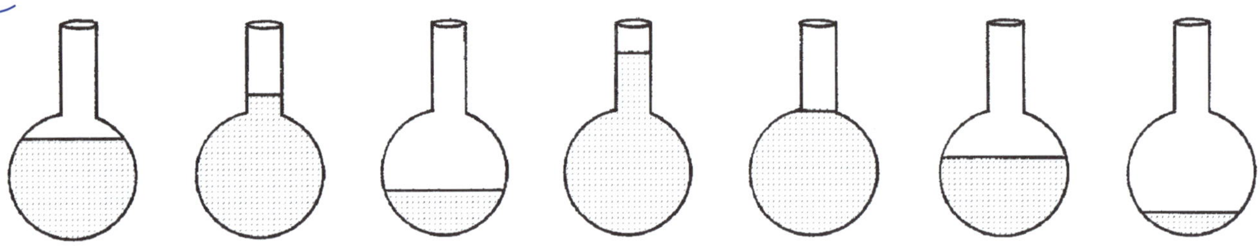

Tu relies les verres qui contiennent **la même quantité** d'eau.

Tu colories **le plus grand** en rouge et **le plus petit** en vert.

Nom .... Date ....

2 Tu t'entraînes.

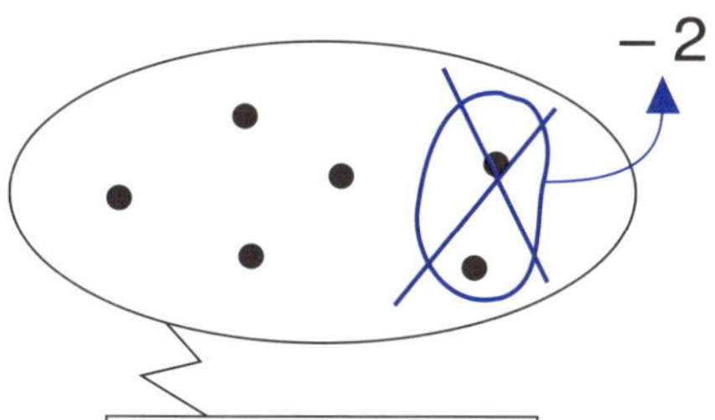

6 – 2 = ...

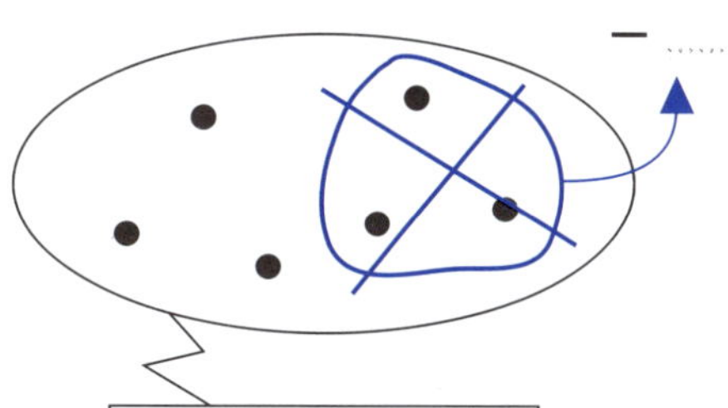

6 – .... = ...

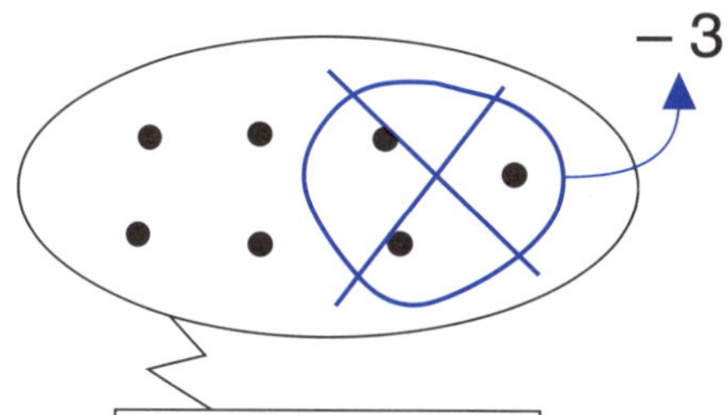

7 – 3 = ...

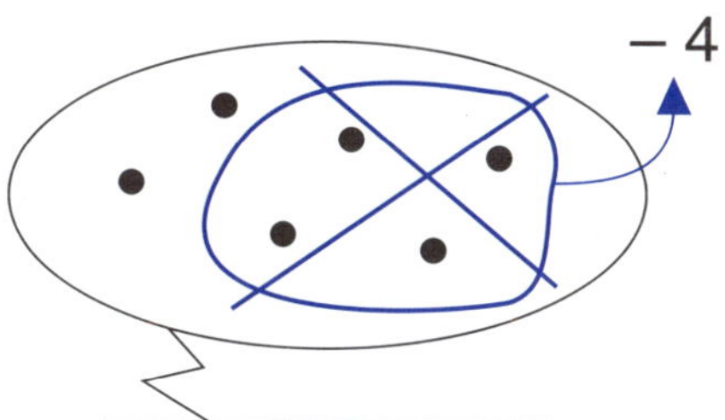

6 – .... = ...

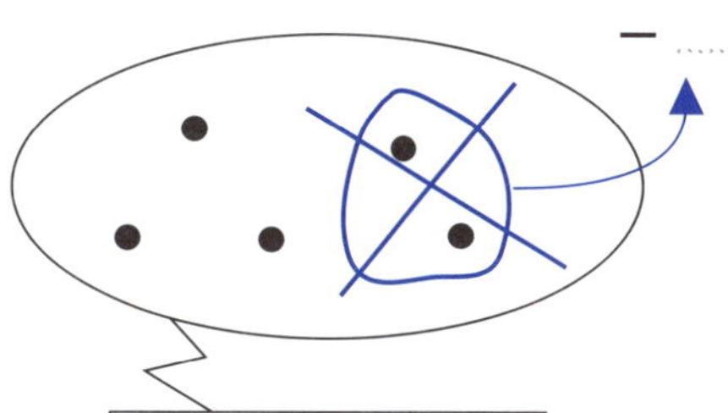

5 – .... = ...

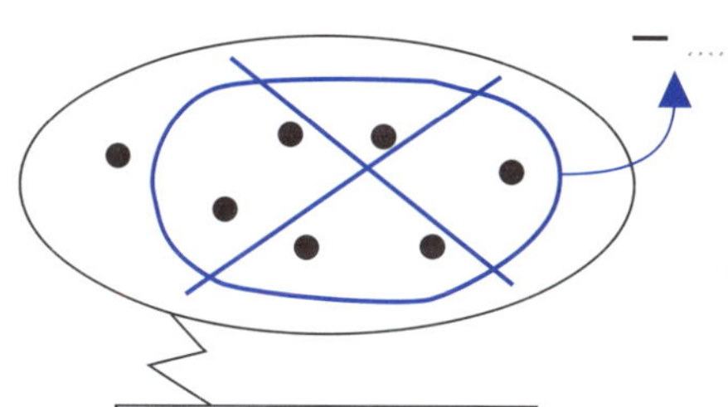

7 – .... = ...

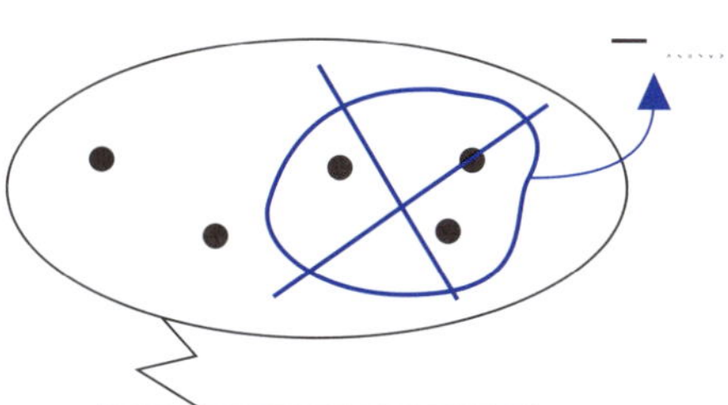

5 – .... = ...

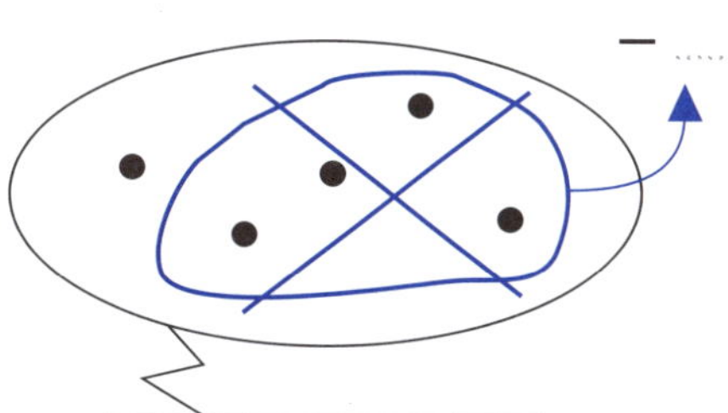

5 – .... = ...

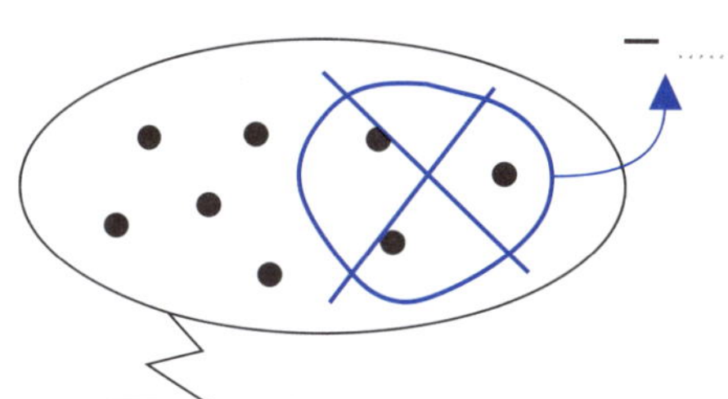

8 – .... = ...

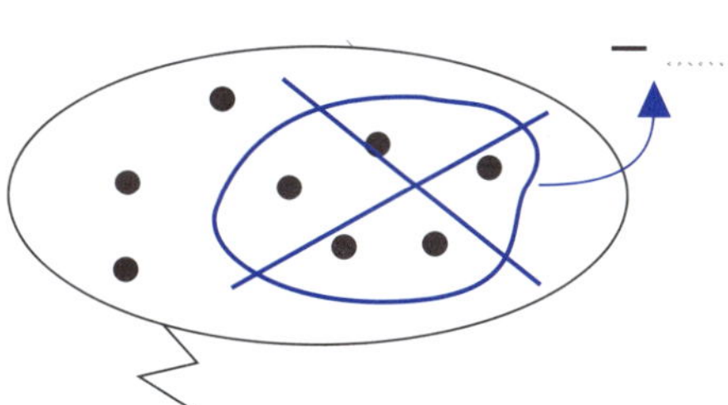

8 – .... = ...

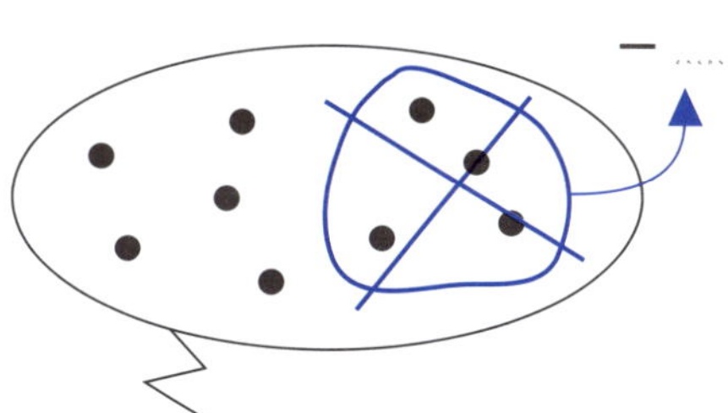

9 – .... = ...

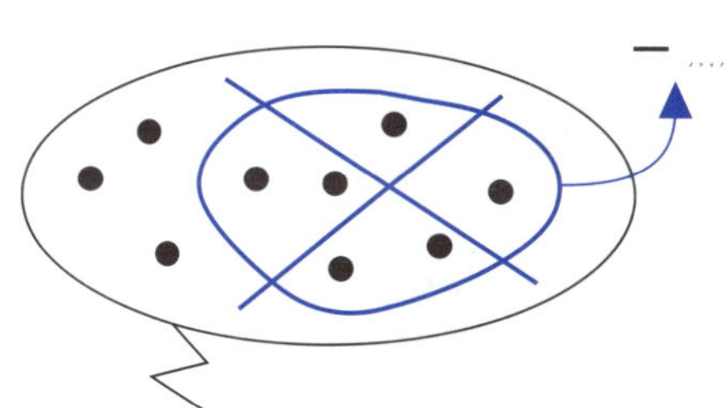

9 – .... = ...

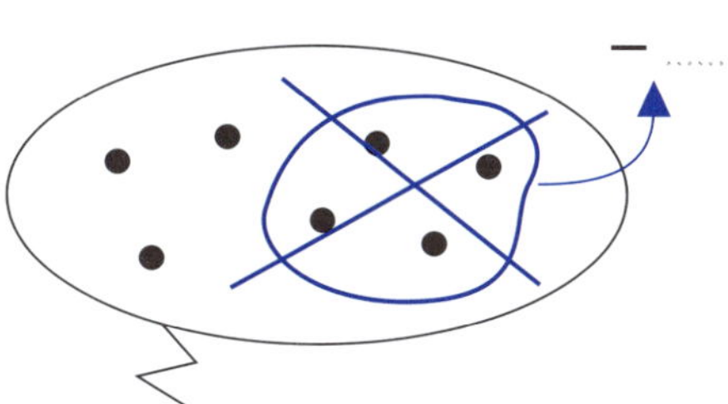

7 – .... = ...

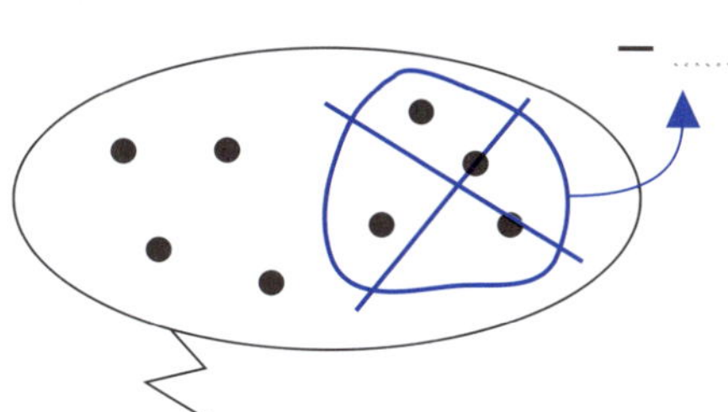

8 – .... = ...

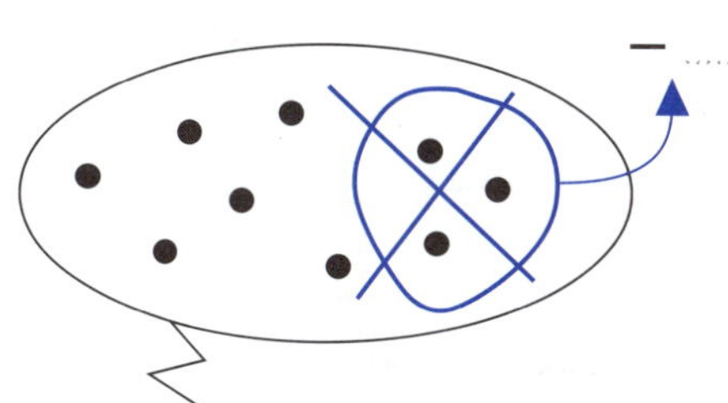

9 – .... = ...

Nom .... Date ....

Tu t'entraînes. 2

+ 1

- 3 → ....
- 5 → ....
- 7 → ....
- 9 → ....
- 13 → ....

+ 2

- 8 → ....
- 12 → ....
- 4 → ....
- 6 → ....
- 7 → ....

+ 3

- 6 → ....
- 11 → ....
- 17 → ....
- 15 → ....
- 2 → ....

+	1	3	2	0	5	4	10	12	6	7
0			2							
2	3	5								
4										
3										

8 + ...
3 + ...
9 + ...
7 + ...

4 + ...
5 + ...
6 + ...

Nom .... Date ....

2 Tu t'entraînes.

10 – 1 = ...
8 – 1 = ...
6 – 1 = ...
4 – 1 = ...
2 – 1 = ...

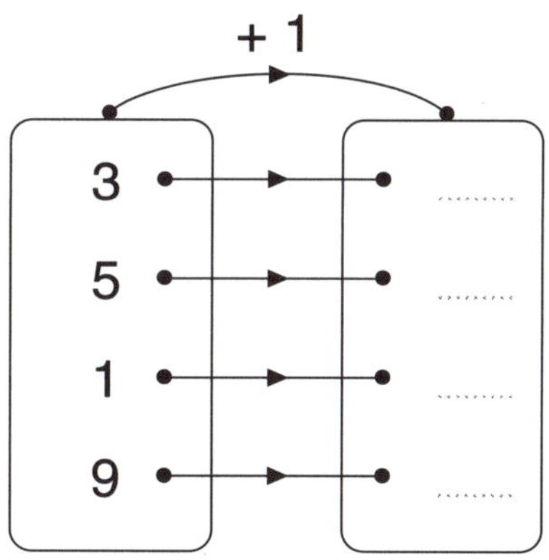

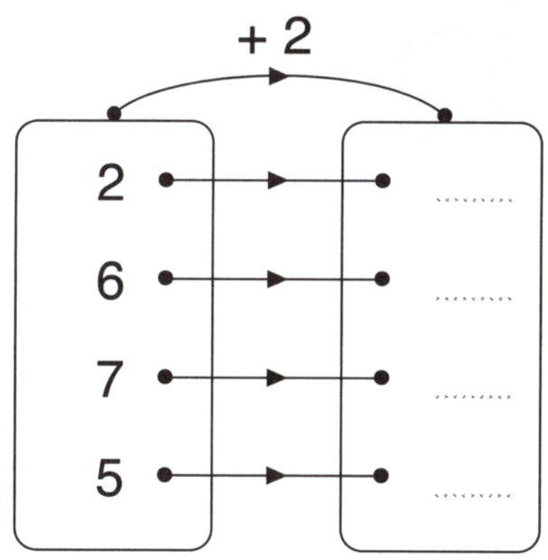

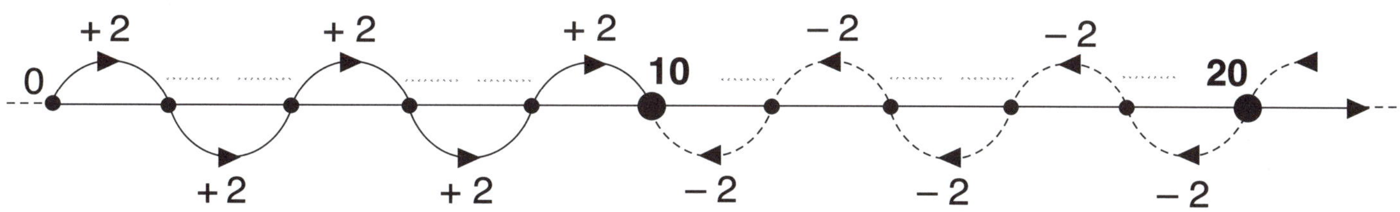

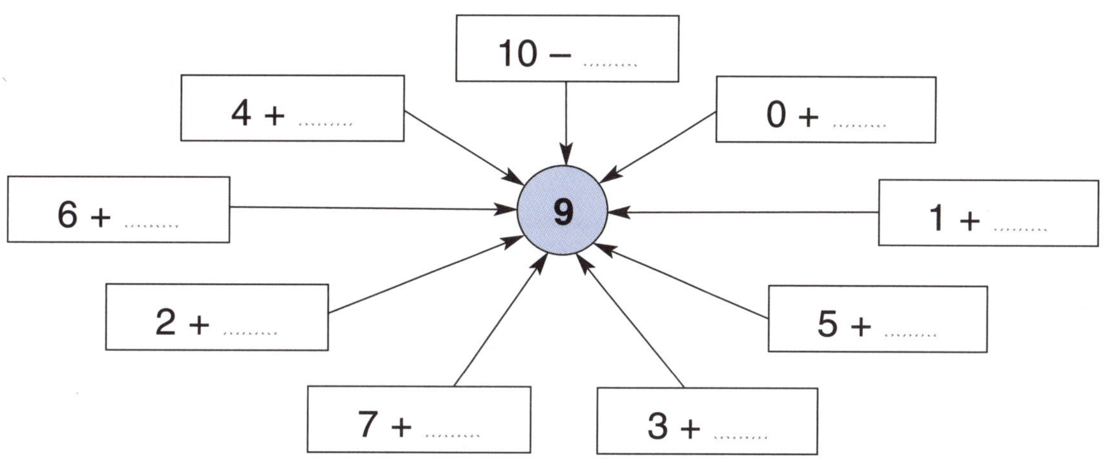

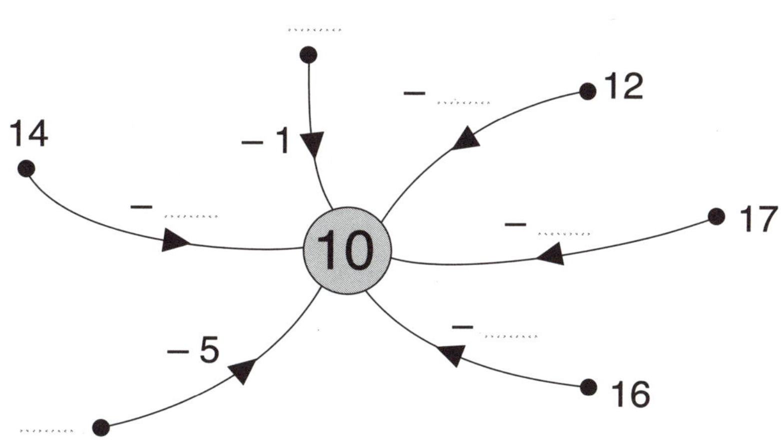

Module 13

Fiche 58

Réaliser le double de...

Tu prends chaque fois 2 paquets équivalents et tu vérifies combien tu en as en tout.

le double de
2 x
1 paquet → 2 paquets équivalents

2

2 x

2 x 2 = **4**

3

2 x

2 x 3 = ...

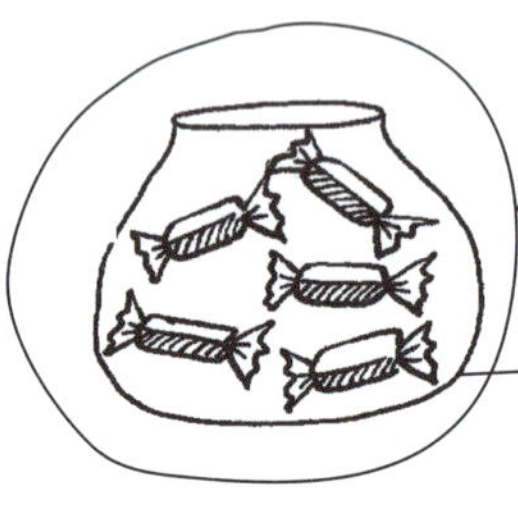

5

2 x

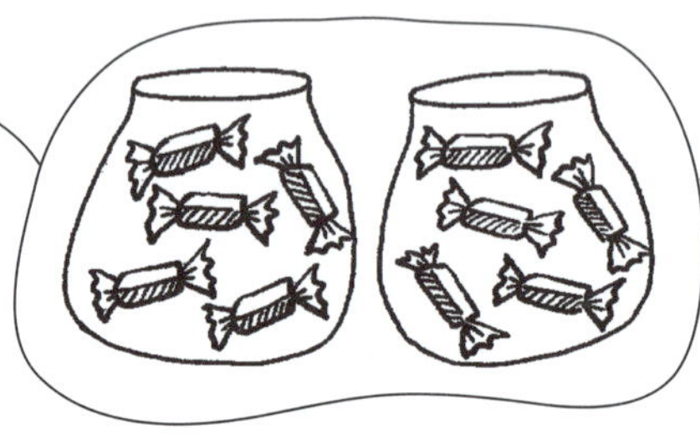

2 x 5 = ...

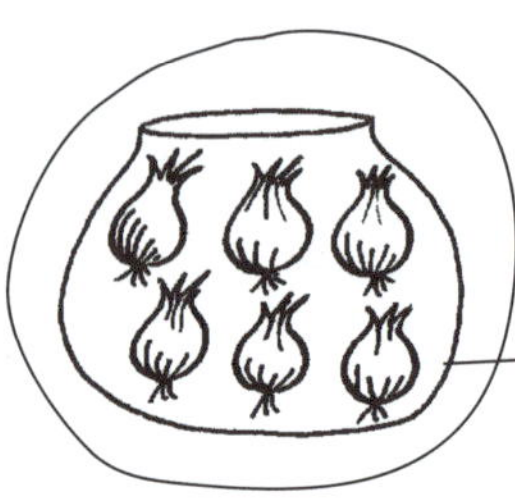

6

2 x

2 x 6 = ...

Nom .... Date ....

2 Tu prends chaque fois 2 paquets équivalents et tu vérifies combien tu en as en tout.

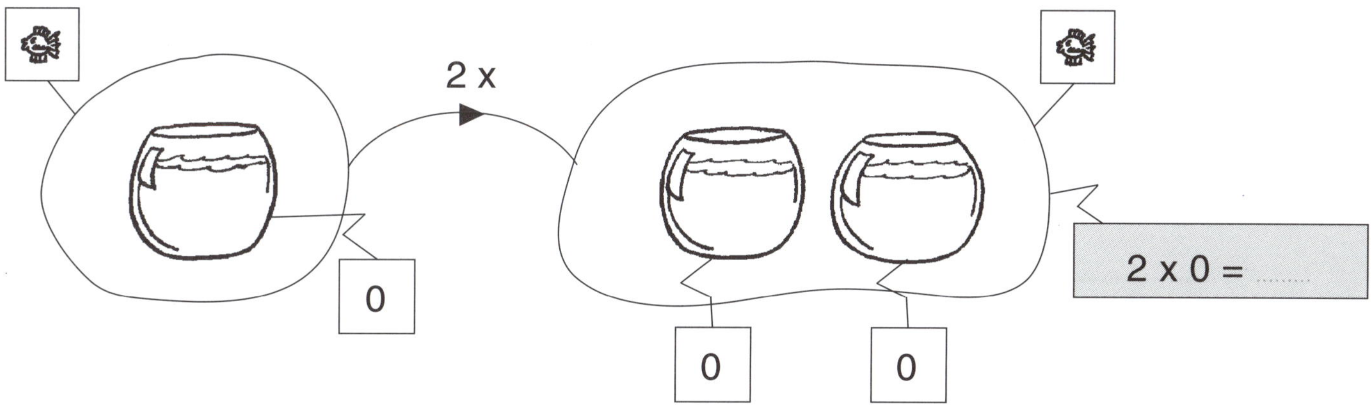

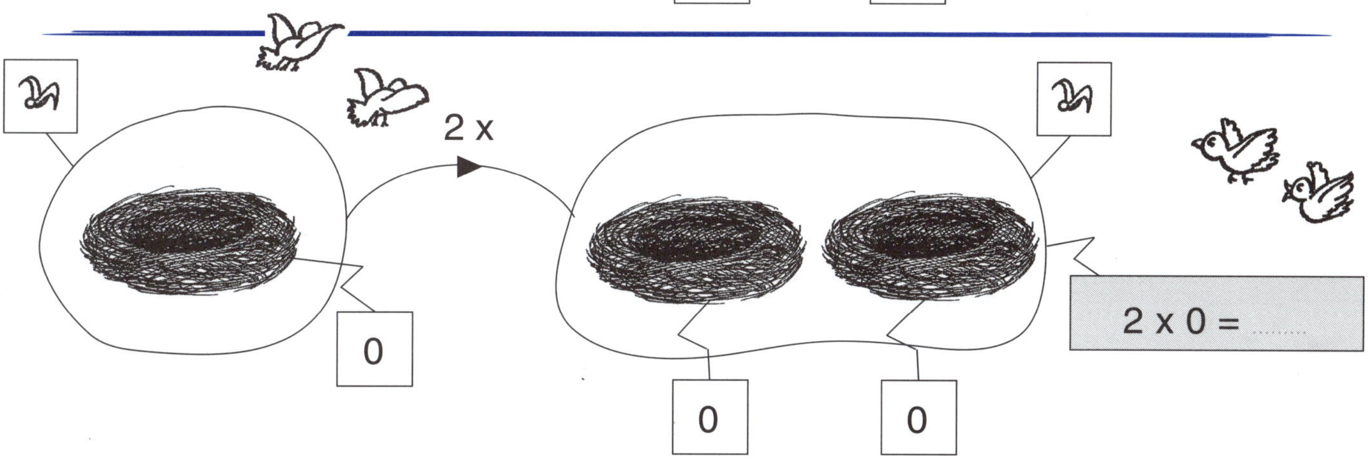

Nom .... Date ....

Tu t'entraînes... 2

Tu dessines le double et complètes l'étiquette.

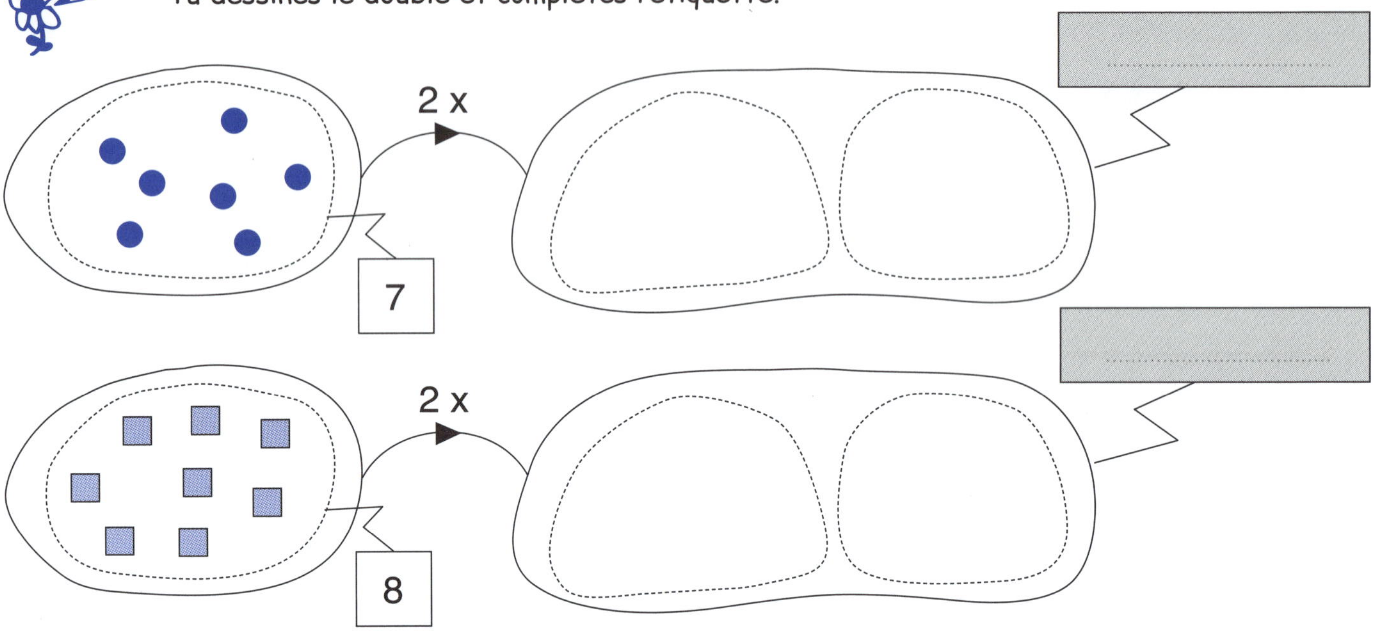

Tu relies. ⟶ = je suis le double de

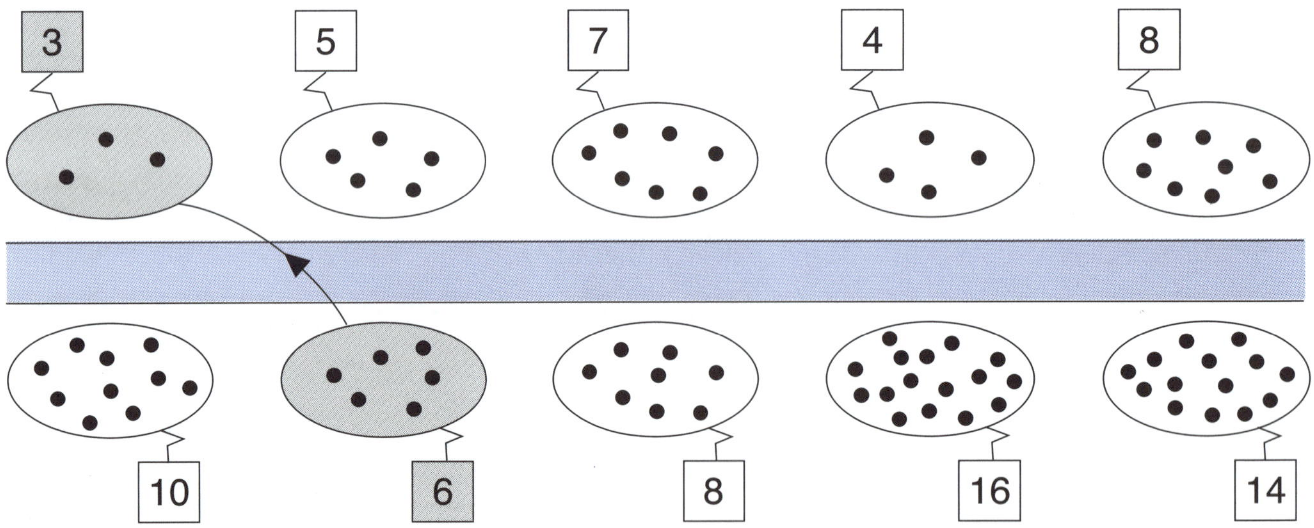

10 = 2 x	20 = 2 x	2 x 3 = ...
8 = 2 x	18 = 2 x	2 x 1 = ...
6 = 2 x	16 = 2 x	2 x 4 = ...
4 = 2 x	14 = 2 x	2 x 6 = ...
2 = 2 x	12 = 2 x	2 x 7 = ...

Nom .... Date ....

BILAN module 13

1	2	3
Non encore réussi	Partiellement réussi	Totalement réussi

Prendre le double de...

REMARQUE

1. Tu prends chaque fois 2 paquets équivalents et tu vérifies combien tu en as en tout.

2 x .... = ...

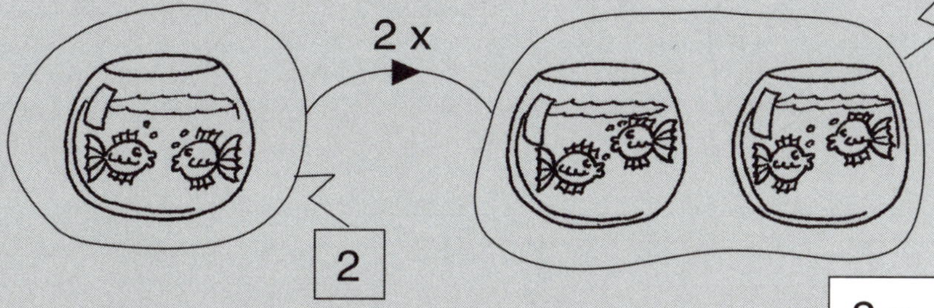

2 x .... = ...

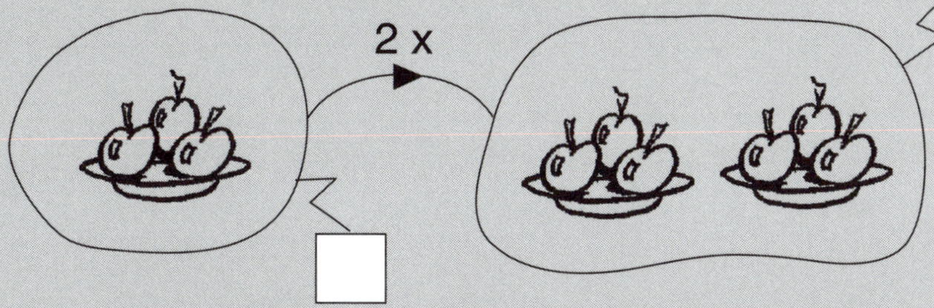

2 x 4 = ... 2 x 6 = ... 2 x 8 = ...

2 x 7 = ... 2 x 9 = ... 2 x 5 = ...

2 x 3 = ... 2 x 2 = ... 2 x 10 = ...

Additionner

REMARQUE

3. Tu additionnes.

10 + ... 11 + ...

0 + ... 16 + ...

14 + ... 17 + ...

19 + ... 18 + ...

12 + ... 15 + ... 13 + ...

8 =

+

2	....
....	4
6	....
....	7
5	....

10 = 10 + ... 10 = 7 + ... 10 = 2 + ...

10 = 3 + ... 10 = 4 + ... 10 = 9 + ...

10 = 6 + ... 10 = 5 + ...

Nom .... Date ....

BILAN module 13

1	2	3
Non encore réussi	Partiellement réussi	Totalement réussi
Soustraire et reculer		

REMARQUE

1. Tu complètes.

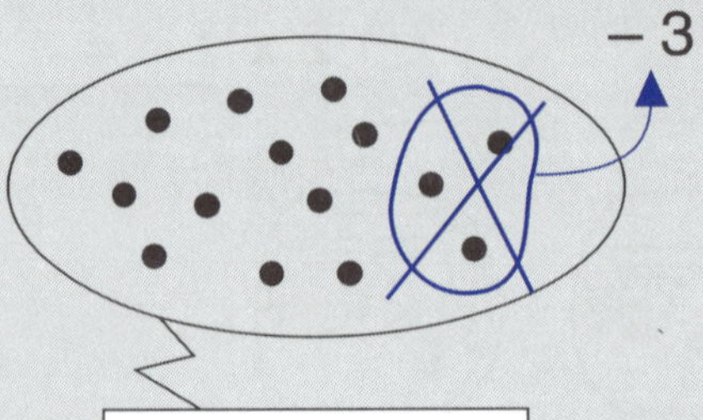

15 – 3 = ...

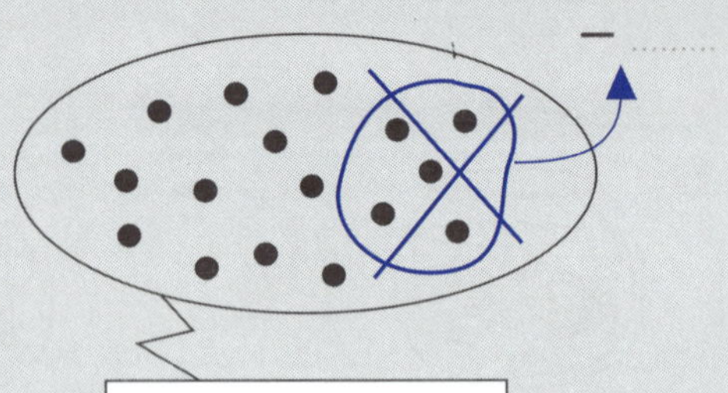

17 – .... = ...

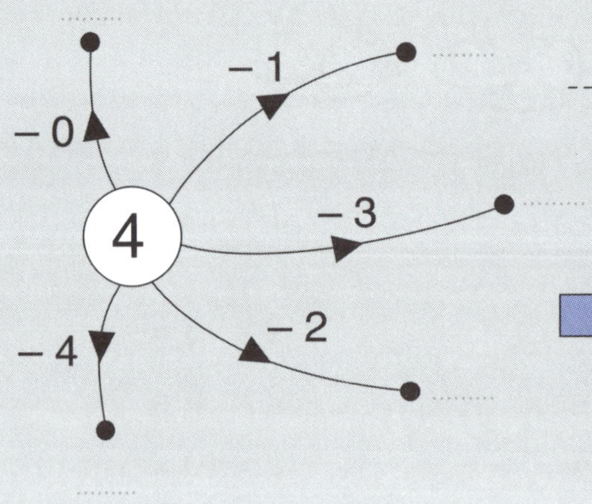

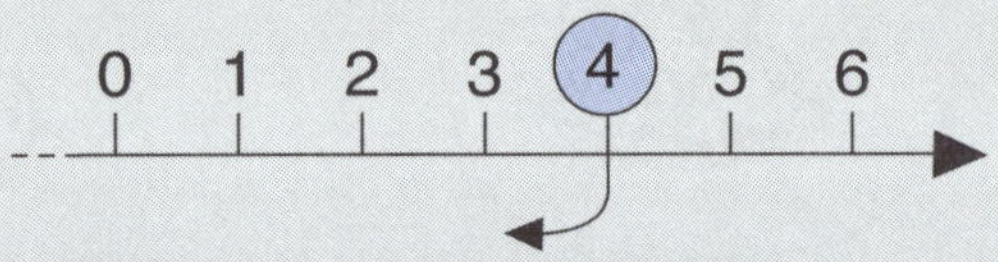

4 – 0 = ...

4 – 1 = ...

4 – 2 = ...

4 – 3 = ...

4 – 4 = ...

Additionner et soustraire		

REMARQUE

2. Tu complètes

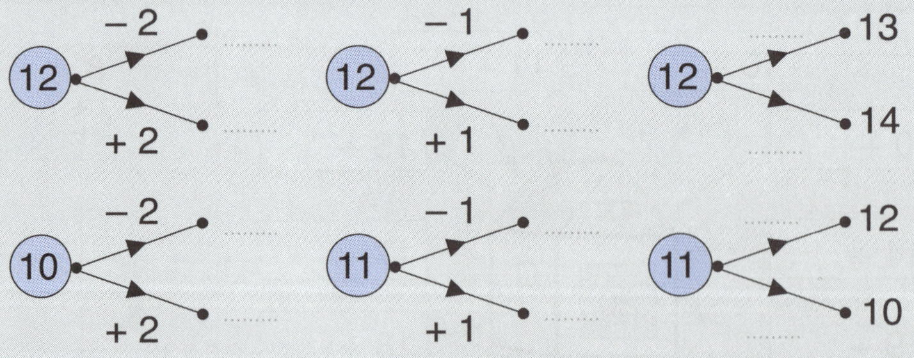

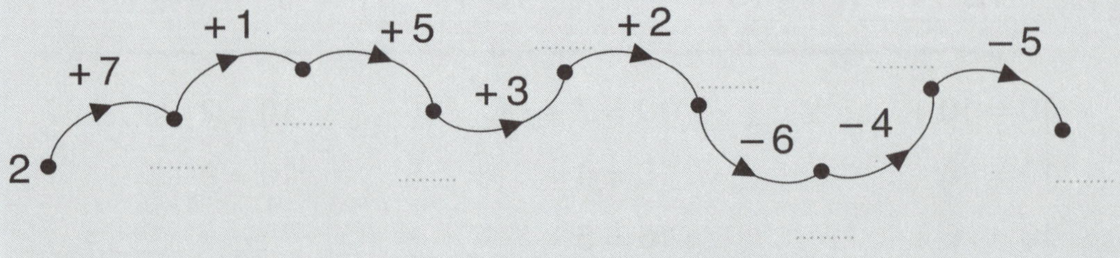

Nom .... Date ....

Tu reproduis symétriquement le train.

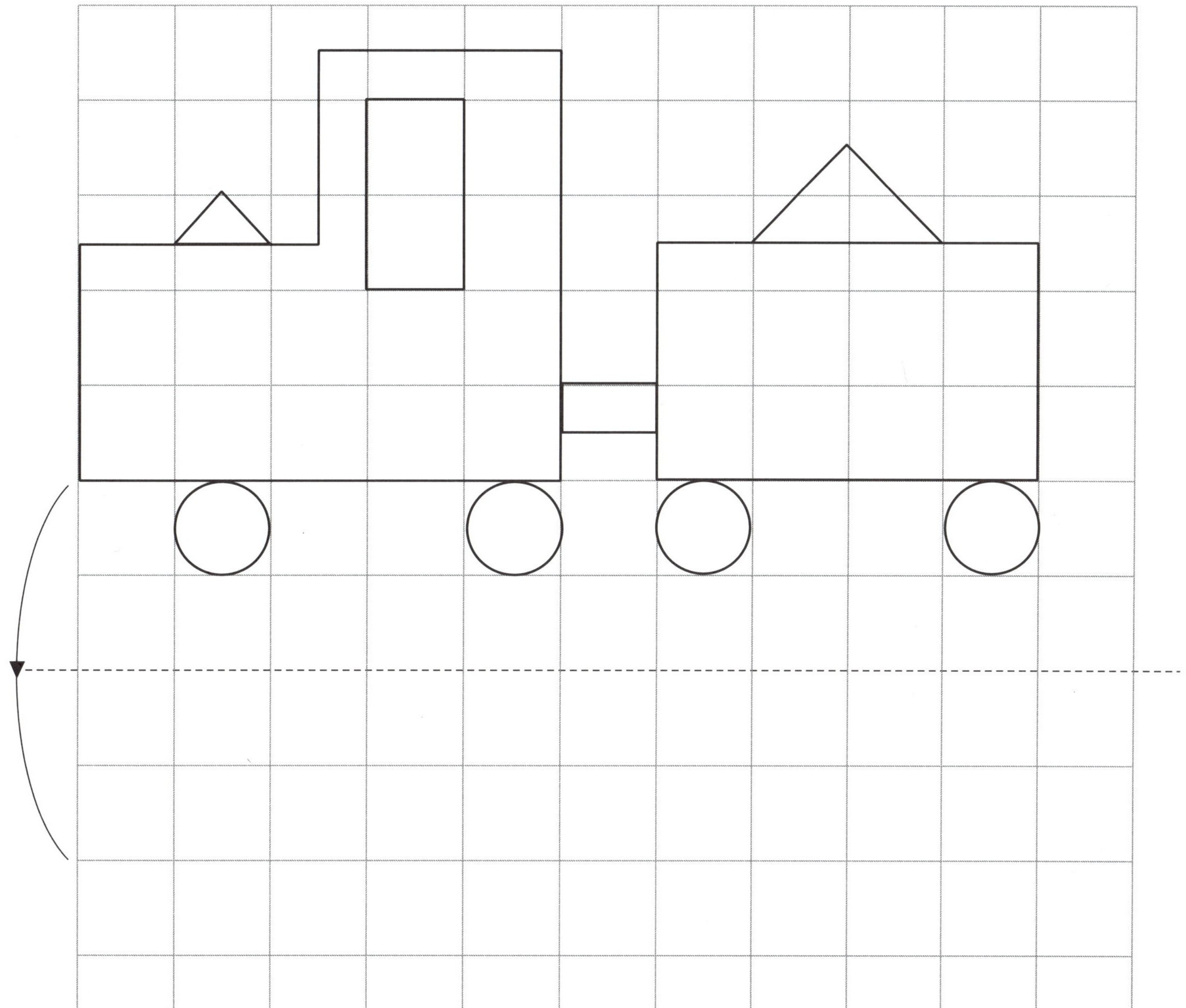

Nom .... Date ....

Tu reproduis symétriquement les dessins.

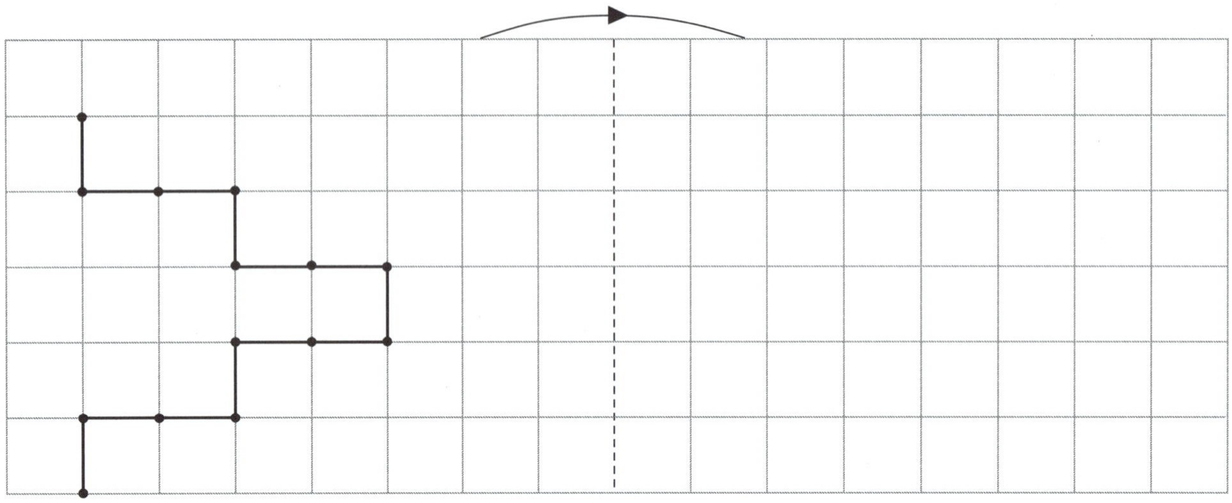

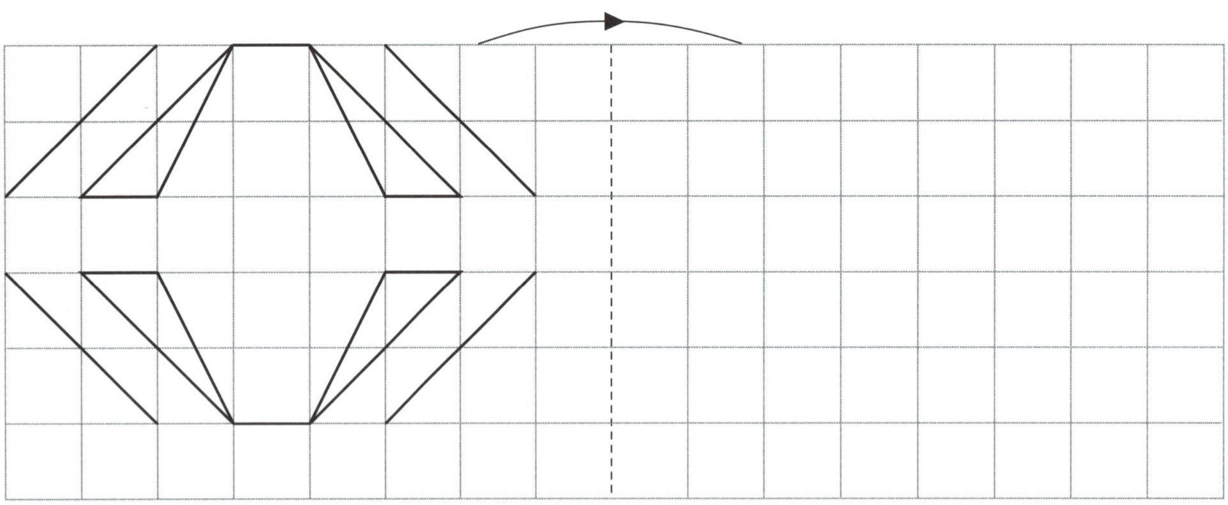

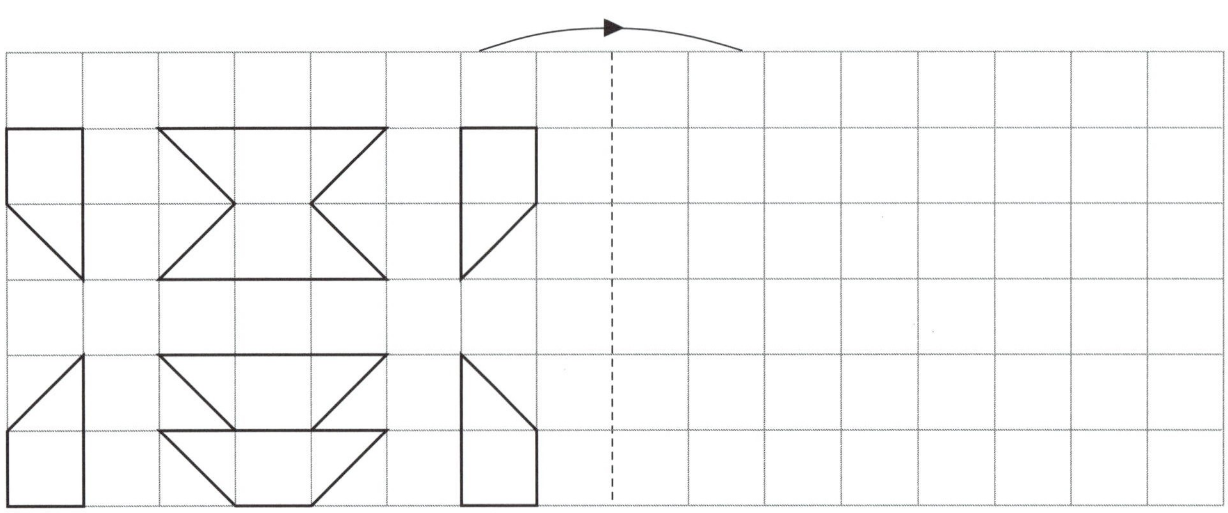

Nom .... Date ....

Tu observes et tu réalises les consignes.

Tu entoures l'animal **le plus léger**.

Tu entoures le véhicule **le plus lourd**.

Tu entoures l'objet **le plus léger**.

Nom .... Date ....

Tu t'entraînes.

3 – 1 = ...
12 – 1 = ...
3 – 2 = ...
13 – 2 = ...

4 – 2 = ...
14 – 2 = ...
5 – 3 = ...
15 – 3 = ...

4 – 3 = ...
14 – 3 = ...
5 – 4 = ...
15 – 4 = ...

+	7	5	1	10	12	4	3	2	13
0	7								
2	9								
1									
3									

x 2

2 x .... = ...

x 2

2 x .... = ...

<, >, =

5	<	7
.... 3 + 2		.... $\frac{1}{2}$ de 10
.... 6 – 3		.... 4 + 1
.... 1 + 2		.... 2 x 1

<, >, =

.... 5 – 2		.... 10 + 4
.... 13 – 3		.... 7 + 3
.... 2 x 5		.... $\frac{1}{2}$ de 12
.... 2 x 6		.... 2 x 4

Nom .... Date ....

2 Tu additionnes.

7 + 5 ➡ 7 (+ 3) 10 (+ 2) 12

+ 5

8 + 4 ➡ 8 + ... 10 + ...
+ ......

9 + 8 ➡ 9 + ... + ...
+ ......

9 + 6 ➡ 9 + ... 10 + ...
+ ......

9 + 4 ➡ 9 + ... + ...
+ ......

9 + 7 ➡ 9 + ... + ...
+ ......

9 + 3 ➡ 9 + ... + ...
+ ......

6 + 8 ➡ 6 + ... + ...
+ ......

...... + ... = ... ➡ + ... 10 + ...
+ ......

3 + 8 ➡ 3 + ... + ...
+ ......

...... + ... = ... ➡ + ... 10 + ...
+ ......

...... + 4 ➡ ...... + 2 10 + 2 ......
+ ......

8 + ... 10 + ... 13 8 + ... = 13
+ ......

...... + 6 ➡ ...... + 5 10 + 1 ......
+ ......

...... + 4 10 + ... 14 ...... + ... = 14
+ ......

Nom .... Date ....

Additionner en s'arrêtant à 10.

Tu additionnes.

6 + 5 ➡ 6 —(+ 4)→ 10 —(+ 1)→ 11

(+ 5)

7 + 9 = ... —(+ ......)→ 10 —(+ ......)→ ...... (+ ......)

8 + 9 = ... —(+ ......)→ 10 —(+ ......)→ ...... (+ ......)

9 + 6 = ... —(+ ......)→ 10 —(+ ......)→ ...... (+ ......)

8 + 5 = ... —(+ ......)→ 10 —(+ ......)→ ...... (+ ......)

7 + 6 = ... —(+ ......)→ 10 —(+ ......)→ ...... (+ ......)

8 + 8 = ... —(+ ......)→ 10 —(+ ......)→ ...... (+ ......)

6 + 6 = ... —(+ ......)→ 10 —(+ ......)→ ...... (+ ......)

7 + 8 = ... —(+ ......)→ 10 —(+ ......)→ ...... (+ ......)

...... —(+ ......)→ 10 —(+ 3)→ 13 (+ ......) ...... + ... = 13

9 —(+ ......)→ 10 —(+ ......)→ 14 (+ ......) ...... + ... = 14

...... —(+ 3)→ 10 —(+ ......)→ 15 (+ ......) ...... + ... = 15

Vérifie avec ta calculatrice lorsque tu as complété toutes les opérations.

Tu inventes librement.

...... + ... = ... —(+ ......)→ ...... —(+ ......)→ ...... (+ ......)

...... + ... = ... —(+ ......)→ ...... —(+ ......)→ ...... (+ ......)

Nom .... Date ....

2 Tu résous les problèmes posés.

Luc a renversé 6 quilles. Tu barres les quilles renversées.

...... – 6 = ...

Dans le jardin, il y a 2 parterres avec 5 rosiers. Combien y-a-t-il de rosiers en tout?

...... rosiers

Basile a déjà arrosé 3 salades. Combien de salades doit-il encore arroser?

...... salades

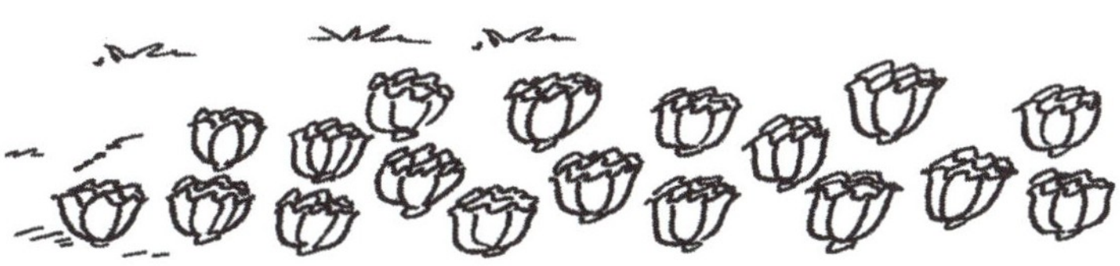

Marc avait 8 billes, il en a gagné 7 pendant la récréation.
Combien de billes a-t-il en tout après la récréation?

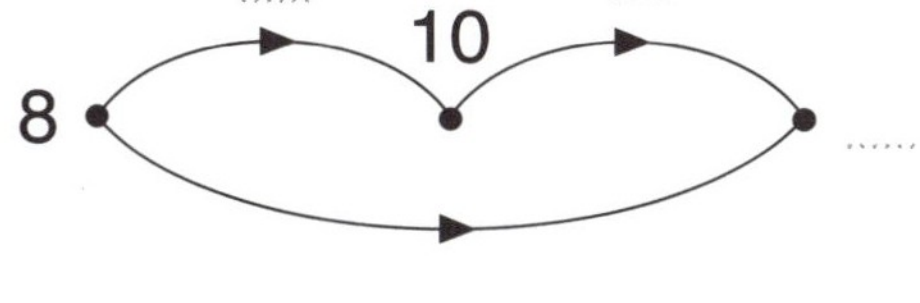

...... billes

Lucie cueille des fleurs, elle en avait déjà 9, elle en cueille encore 8. Combien de fleurs a-t-elle en tout?

...... fleurs

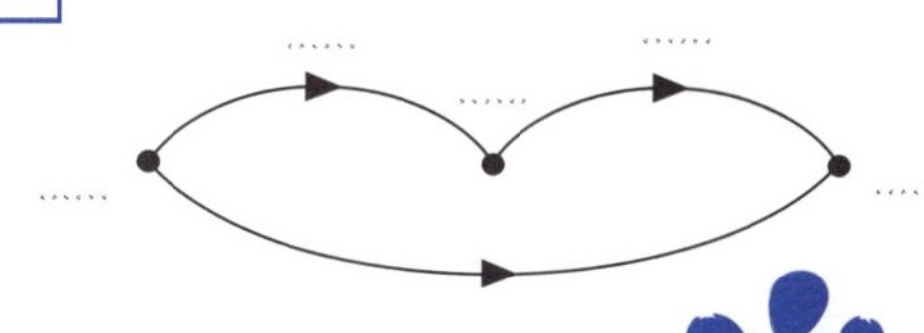

Nom .... Date ....

Ordonner les nombres jusque 20

Tu réponds aux consignes.

2

Tu complètes.

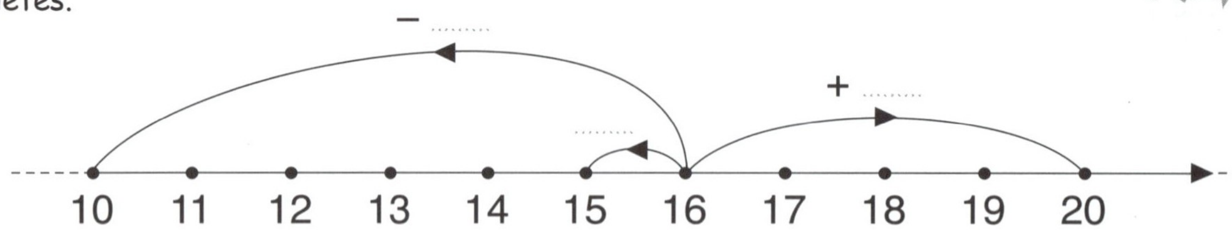

Tu termines le dessin.

Tu relies de 1 → 5
6 → 8
9 → 15
16 → 20

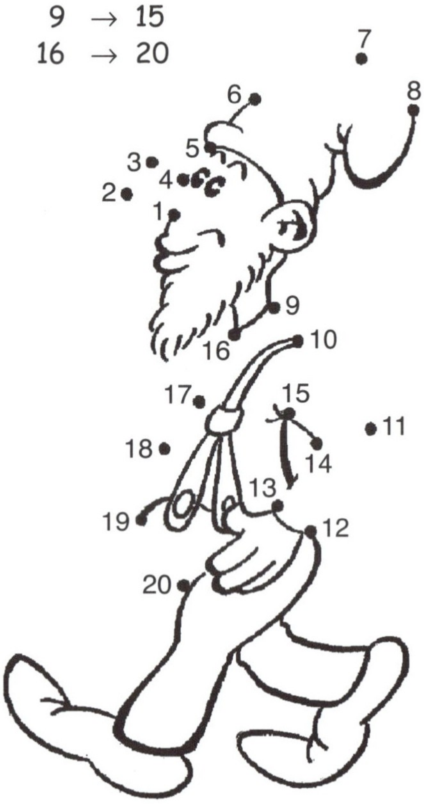

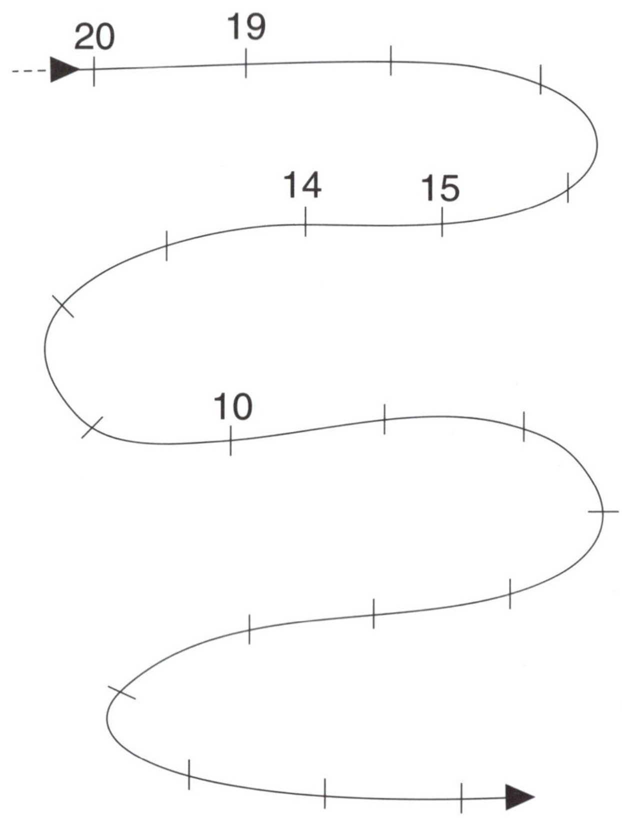

Les livres sont rangés en ordre croissant dans la bibliothèque. Écris le numéro de chacun des livres.

Nom .... Date ....

Tu prends ton matériel et tu manipules. Les parts ne sont pas équivalentes, tu obtiens toujours 20.

Je dessine	Je calcule
	20 = ... 20 = ... = 20
	20 = ... 20 = ... = 20
	20 = ... 20 = ... = 20
	20 = ... 20 = ... = 20
	.... = 20 20 = ... 20 = ...
	.... = 20 20 = ... 20 = ...

Nom .... Date ....

Résoudre les additions jusque 20

Tu t'entraînes. 2

Tu peux vérifier toutes tes réponses avec ta calculatrice. Mais seulement lorsque tu as complété le tableau.

+	1	2	3	4	5	6	7	8	9	10
1										
2										
3										
4										
5										
6										
7										
8										
9										
10										

20 = +

11	....
....	13
15	....
....	17
19	....

20 = +

12	....
....	14
10	....
....	16
18	....

20 = +

10	18
2	3
17	10
5	4
16	13
7	15

13 = 10 + ...

15 = 10 + ...

17 = 10 + ...

12 = 10 + ...

14 = 10 + ...

16 = 10 + ...

19 = 10 + ...

10 = 10 + ...

20 = 10 + ...

Nom .... Date ....

Traiter de petites situations

REMARQUE

1. Basile a déjà distribué 12 cahiers, il en reste encore 7 dans la pile.
Combien de cahiers y avait-il en tout ?

.... + ... = ... cahiers

2. Pour constituer une équipe de football, il faut 11 joueurs.
Basile a réuni 6 camarades. Combien doit-il encore en trouver?

.... + ... = ...

.... joueurs

Évaluer et comparer des grandeurs

REMARQUE

3. Spit peint, tu entoures le tableau le plus avancé.

Additionner en s'arrêtant à 10

REMARQUE

4 → + ... → 10 → + 3 → ....
+ ....
4 + ... = ...

5 → + ... → 10 → + 4 → ....
+ ....
5 + ... = ...

3 → + ... → 10 → + 4 → ....
+ ....
3 + ... = ...

Nom .... Date ....

1	2	3

Ordonner jusque 20

REMARQUE

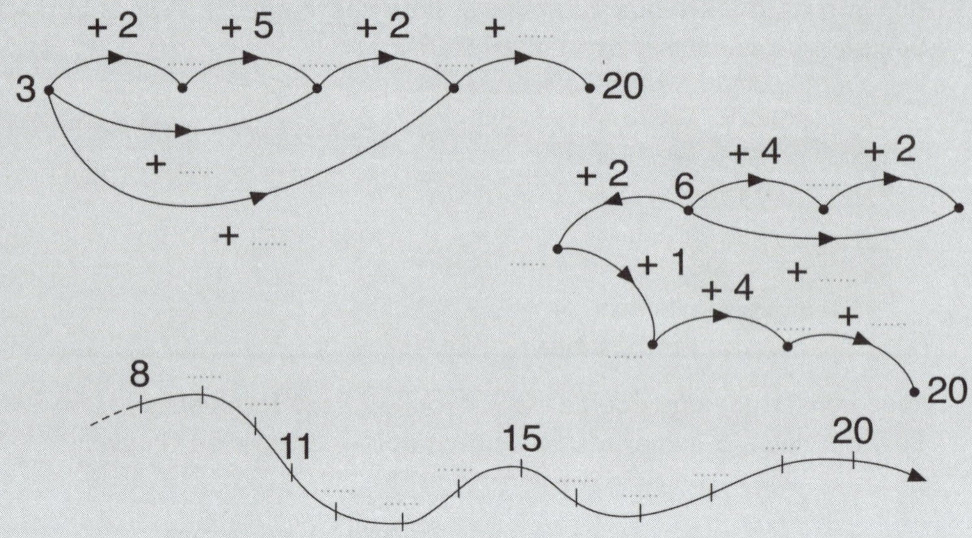

Soustraire

REMARQUE

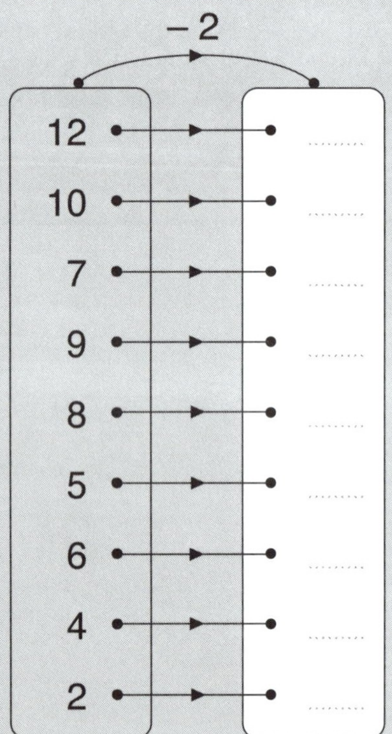

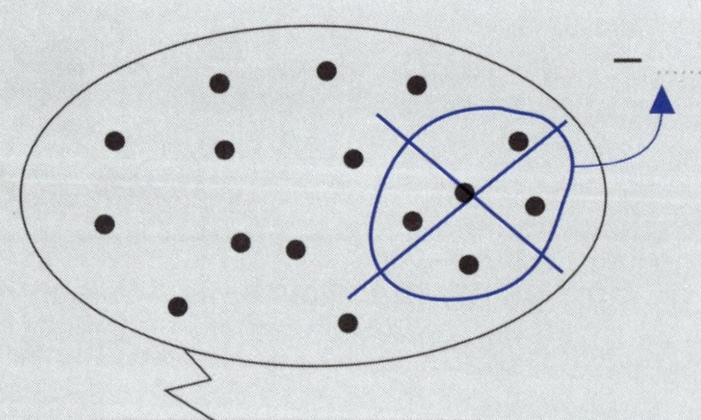

16 – .... = ...

20 – 3 = ... 20 – 9 = ...

20 – 5 = ... 20 – 6 = ...

20 – 7 = ... 20 – 8 = ...

Additionner de 10 à 20

REMARQUE

10 + 4 = ... 10 + 0 = ... 10 + 9 = ...

10 + 5 = ... 10 + 10 = ... 10 + 3 = ...

10 + 6 = ... 10 + 8 = ... 10 + 1 = ...

10 + 2 = ... 10 + 7 = ... 0 + 10 = ...

Nom .... Date ....

Table des matières

MODULE 12

MODULE 13

MODULE 14

Sigles

 utilisation d'un matériel

 petites situations à lire aux élèves

 synthèse à retenir

 discussion à susciter entre les élèves

Illustrations de Basile : Michel Dierickx

ISBN 2 8010 0237 2 • BAMA1BW/001-00 • D2002/0120/099